urban houses

urban houses

AUTHOR
Arian Mostaedi

PUBLISHERS
Carles Broto & Josep Mª Minguet

EDITORIAL TEAM
Editorial Coordinator: Jacobo Krauel, Joan Fontbernat
Architectural Adviser: Pilar Chueca
Graphic Design & Production: Francisco Orduña, Héctor Navarro
Text: Contributed by the architects, edited by Amber Ockrassa and Jacobo Krauel
Spanish Translation: Francesc Rovira

Cover photograph: © K. Takada

© Copyright: All languages (except Spanish language)
Carles Broto i Comerma
Ausias Marc 20, 4-2. 08010 Barcelona, Spain
Tel.: +34-93-301 21 99 · Fax: +34-93-302 67 97
www.linksbooks.net · info@linksbooks.net

© Copyright: Spanish language
Instituto Monsa de Ediciones, SA
Gravina, 43. 08930 Sant Adrià de Besòs. Barcelona, Spain
Tel.: +34-93-381 00 50 · Fax: +34-93-381 00 93
www.monsa.com · monsa@monsa.com

ISBN English edition: 84-89861-89-7
ISBN Spanish edition: 84-95275-79-1
D.L.: B-38301-02

Printed in Barcelona, Spain

urban houses

INTRODUCTION

In the complicated exercise of filling the voids in the metropolitan puzzle and bringing the pieces together, fitting a volume into the city's narrow, cramped niches is a delicate and difficult task for architects.

Aesthetic and functional considerations alike come into play in this complex chore. On the one hand, closure between two existing volumes is sought, linking the existing elements into a single unit that merges the new building with the two that flank it; while on the other, a subtle, distinct language must be developed for a particularly squeezed in facade.

As the barrier between the street and the private interior, the most interesting compositional and structural aspects of the project are brought together on the facade. It is the face of the building, a privileged, outward looking vantage point, which embraces the neighboring buildings to form the urban fabric and link up with the artery of the city into which it is woven. Behind this curtain of stone, glass or concrete we find a narrow and constrained space which challenges the architect's mastery in performing the seemingly impossible task of creating a layout with all the necessary facilities, while also giving it a feel of spaciousness and balance.

Based on recent examples by internationally renowned architects, this detailed study analyzes the difficulty of fitting new residential volumes, with exemplary technical and formal solutions, into tight, difficult sites, while also embracing the surrounding context. Included is a wide sampling of projects in which the architects perform juggling acts in astutely economizing on space in order to put into effect a judicious formulation of functional and aesthetic requirements.

En ese intrincado ejercicio que supone rellenar los vacíos del puzzle metropolitano y hacer que las piezas encajen ordenadamente, la adecuación de un volumen en los huecos más apretados y ceñidos de la ciudad resulta una tarea delicada y difícil para la actividad arquitectónica.

Se trata de una práctica compleja en la que entran en juego diversas consideraciones, tanto de tipo estético como funcional. De un lado, implica crear un cierre entre dos volúmenes existentes, lo que conlleva la unión de las preexistencias en un único bloque que funde el nuevo inmueble con los dos que lo flanquean y, además, significa desarrollar un lenguaje sutil y diferenciador para una fachada especialmente ahogada y apretada.

Frontera entre la calle y la intimidad del interior, la fachada concentra los aspectos compositivos y constructivos más interesantes de este tipo de proyectos. Es el rostro del edificio, un mirador privilegiado hacia el exterior, que se abraza a las construcciones vecinas para urdir la trama urbana y cerrar el perfil de la arteria de la ciudad sobre la que se entreteje. Tras ese telón de piedra, cristal u hormigón, se encuentra un espacio constreñido y estrecho, dentro del cual se pone a prueba el oficio del proyectista para sacar de donde parece imposible una distribución de vivienda con todo el equipamiento necesario y que, además, parezca un espacio holgado e, incluso, equilibrado.

Este trabajo monográfico analiza, mediante ejemplos recientes realizados por arquitectos de renombre internacional, la dificultad de integrar en solares particularmente ajustados y conflictivos por su disposición y entorno, nuevos volúmenes de vivienda, que se abrazan al contexto mediante soluciones técnicas y formales ejemplares: un amplio muestrario de ejercicios malabares en los que los proyectistas manejan con astucia la economía de espacio para poner en marcha una sabia formulación de requisitos funcionales y estéticos.

Christophe Lab, architecte
Film House

Paris, France   Photographs: Anna Khan

This very long and narrow plot of land (approximately 35x4.5), crossing the block from street to street and walled in on both sides, constituted a serious challenge to the architect in designing a home with sufficient light and space in which to live comfortably. The client's occupation —closely tied to the film industry— provided the inspiration behind the design scheme, with framed views and sequential spaces.

The concrete facade of this home —whose floor plan takes on the form of a strip of film— has been conceived as a camera obscura, with a giant lens drawing light into the second floor and, below that, sliding glass doors providing access. Yet, this "camera house" is also a "screen house" — a projection inside the camera itself.

As side views along the length of the construction were impossible, an alternative for bringing light into the home was desperately needed. A cylindrical covered well draws natural light down into the center of the home, where light from the two end facades hardly penetrates.

The walls of this central patio have been painted a bright, cheerful yellow to provide the necessary contrast to the sober gray of the carpet and ceiling of the interior and in order to channel and reflect a warm, diffused light throughout the two floors that it passes through.

Space was reserved on both ends of the site for a garage, which has been conceived as a large toolbox, and a garden, which can be viewed as an extension of the living room in the summer months. Stairs on the second floor lead to the roof terrace above.

La localización para esta vivienda, un solar largo y estrecho (aproximadamente, 35x4,5 m) que cruza de una calle a otra y está rodeado de medianeras por ambos lados, constituía un serio desafío para el arquitecto: diseñar una vivienda confortable con luz y espacio suficientes. La profesión del cliente, estrechamente relacionado con la industria del cine, proporcionó la inspiración para el diseño de la casa, con vistas "encuadradas" y espacios "secuenciales".

La fachada de hormigón de la casa —cuya planta adopta la forma de una tira de película— se ha concebido como una cámara oscura, con una lente gigante por la que penetra luz en la segunda planta y, por debajo, unas puertas correderas de vidrio que proporcionan el acceso. Pero esta "casa-cámara" es también una "casa-pantalla": una proyección dentro de la propia cámara.

Como resultaba imposible disponer vistas laterales a lo largo de la construcción, se necesitaba desesperadamente encontrar una alternativa para que la luz llegara al interior de la vivienda. Un patio cilíndrico cubierto hace llegar luz natural al centro de la casa, donde apenas alcanza la luz proveniente de las fachadas frontal y trasera.

Las paredes de este patio central se han pintado con un amarillo brillante y alegre, como contraste al gris sobrio de la moqueta y el techo, a la vez que canaliza y refleja una luz cálida y difusa a los dos pisos que atraviesa.

A ambos extremos del edificio, se reservó espacio para un garaje, concebido como una extensa caja de herramientas, y para un jardín, que puede verse como extensión de la sala de estar durante los meses de verano. En el segundo piso, unas escaleras llevan hasta la azotea.

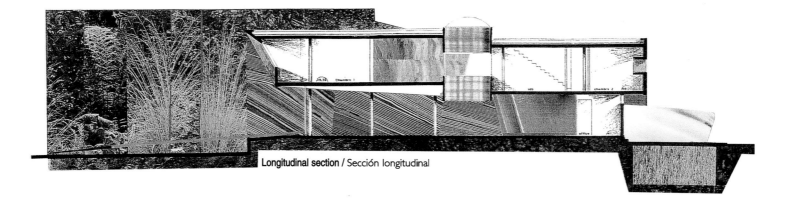

Longitudinal section / Sección longitudinal

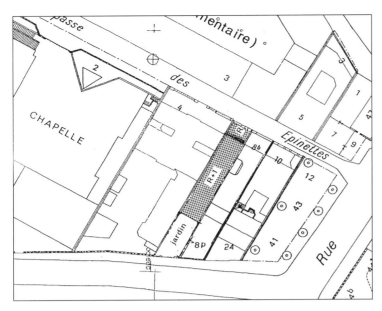

Site plan / Plano de situación

The brightly-painted, cylindrical covered patio has been strategically placed in the center of the home in order to draw the maximum amount of light into the home. The second-story stairway leads to a roof terrace.

El pato cilíndrico, pintado con un color brillante, se ha dispuesto de forma estratégica en el centro de la vivienda para canalizar el máximo de luz a su interior. La escalera del segundo piso sube hasta la azotea.

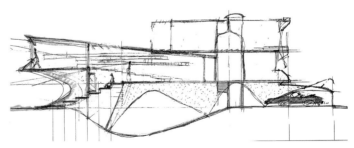

Longitudinal section / Sección longitudinal

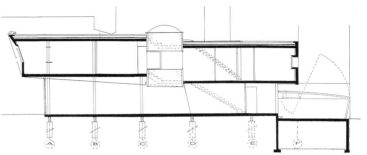

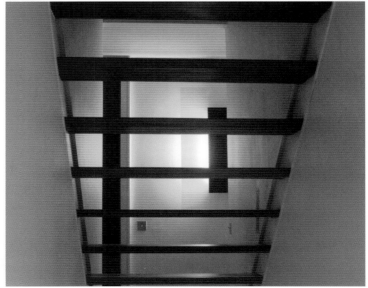

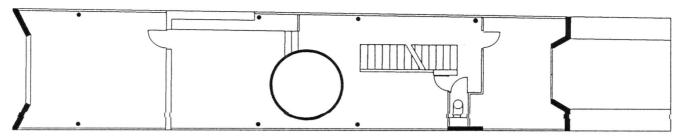

First floor plan / Primera planta

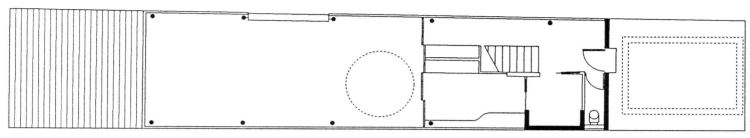

Ground floor plan / Planta baja

Structural columns along the length of the house serve as adornment, as well as framework. The living room can be completely opened up onto the garden. The sliding door and window casings are aluminum; the facade is concrete, cured with a wax-based emulsion.

Las columnas dispuestas a lo largo de la casa desempeñan una función tanto estructural como estética. La sala de estar puede abrirse completamente al jardín. Los bastidores de las ventanas y puertas correderas es de aluminio; la fachada es de hormigón pulido con una emulsión a base de cera.

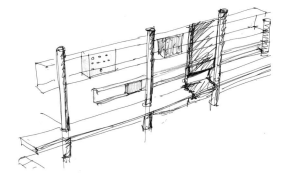

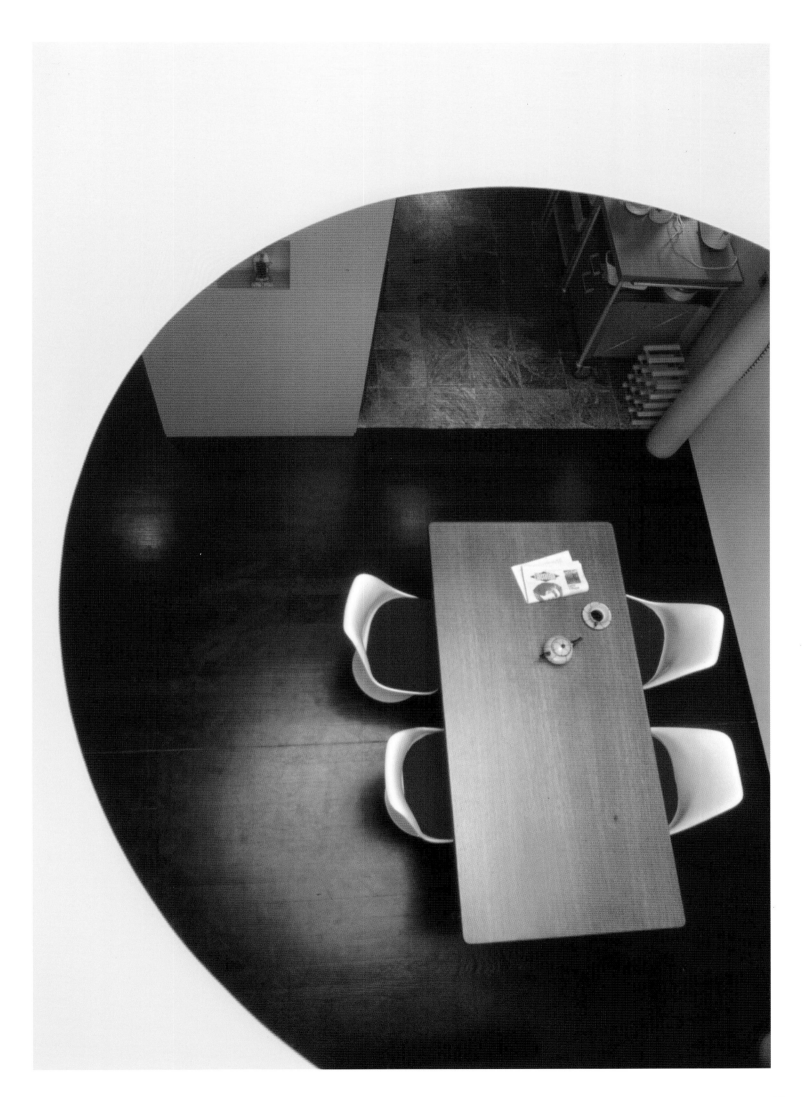

FOBA / Katsu Umebayashi
Aura House

Tokyo, Japan   Photographs: Tohru Waki (Shokokusha Pub. Co., Ltd.)

In the amorphous complexity of central Tokyo, urban structure occurs at scales imperceptible to the pedestrian observer. Forms are either incoherent or irrelevant; the urban experience is a succession of interior spaces.

Here, a house requires few facilities. To eat, you go to a restaurant; to bathe, you go to the *sento* (public baths); to exercise, you go to the gym; to be entertained, you go to the cinema. The ultimate Tokyo house is somehow like an art gallery: an empty, inward-looking space, perhaps with unusual lighting. The Aura house is located in a typical Japanese "eel's nest" site: an alley 3.5 meters wide by 21.5 meters long. The challenge was to bring light and air into the center of the house. Rather than using the traditional *tsubo-niwa* (courtyard garden), the architects opted instead for optimizing both the available light and the potential floor area.

Concrete walls were run down either side of the site and a translucent membrane was stretched between them. In order to sustain tension in the roof fabric, a complex curve was created by making the two walls identical but reversed. Cylindrical concrete beams brace the two walls. The opposing ridge lines cause the orientation of the beams to twist along the length of the building - despite appearances, a rational structural solution. The fabric skin filters sunlight by day, and glows by night: the building pulses, "breathing" light with the 24-hour rhythm of the city.

En la amorfa complejidad del centro de Tokio, la estructura urbana se desarrolla a una escala imperceptible para el observador que recorre la ciudad a pie. Las formas son incoherentes, acaso irrelevantes; la experiencia urbana no es más que una sucesión de espacios interiores.

Aquí, una casa requiere de poca infraestructura: si quieres comer, vas a un restaurante; si te quieres bañar, vas al 'sento' (baños públicos); si quieres hacer ejercicio, vas al gimnasio; si quieres pasar el rato, vas al cine. En Tokio, lo último en vivienda parece más bien una galería de arte: un espacio vacío, introspectivo, quizás con una iluminación original. La casa Aura está situada en un típico 'nido de anguila' japonés (calles estrechas y profundas): una callejuela de 3,5 metros de ancho y 21,5 metros de largo. El reto que planteaba el proyecto era el de hacer llegar la luz y el aire hasta el centro de la casa. En lugar de disponer la típica 'tsuboniwa' (patio ajardinado), los arquitectos optaron por optimizar la luz disponible y la superficie potencial de suelo.

Se levantaron unos muros de hormigón a ambos lados del espacio de construcción, extendiendo una membrana translúcida entre ellos. Para sostener la tensión de la estructura de la cubierta, se creó una curva compleja haciendo idénticos aunque inversos los muros, reforzados además por unas vigas cilíndricas de hormigón. Las líneas de caballete opuestas provocan que la orientación de las vigas se tuerza a lo largo del edificio; a pesar de lo que pueda parecer, esto no constituye más que una solución estructural racional. La piel del edificio filtra la luz solar durante el día y brilla durante la noche: el edificio parece latir, 'respirando' luz al ritmo de 24 horas de la ciudad.

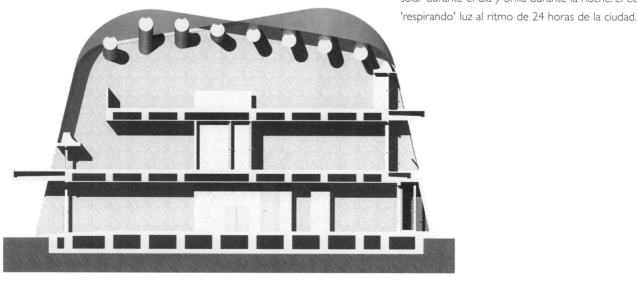

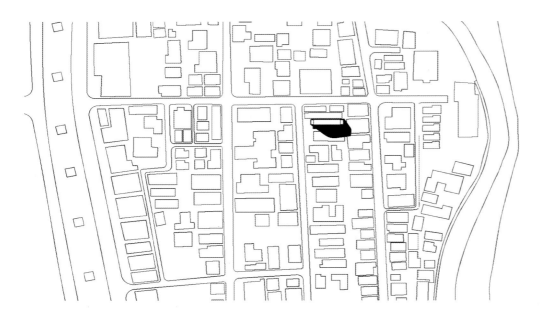

The plot is wedged into an alley 3.5 meters wide by 21.5 meters long. Rather than using the traditional *tsubo-niwa* (courtyard garden), the architects opted instead for optimizing both the available light and the potential floor area.

El solar está encajonado en una callejuela de 3,5 metros de ancho y 21,5 metros de largo. En lugar de disponer la típica 'tsubo-niwa' (patio ajardinado), los arquitectos optaron por optimizar la luz disponible y la superficie potencial de suelo.

Site plan / Plano de situación

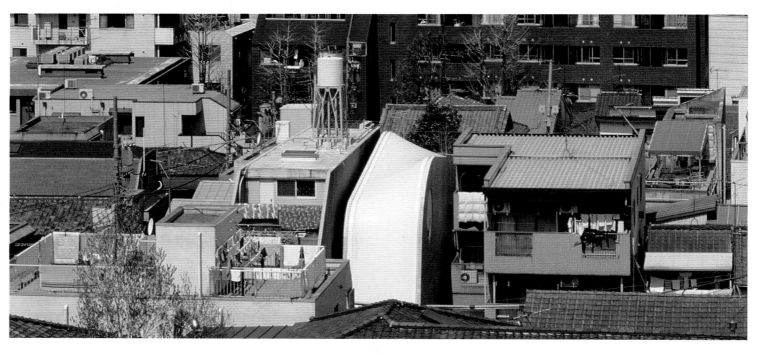

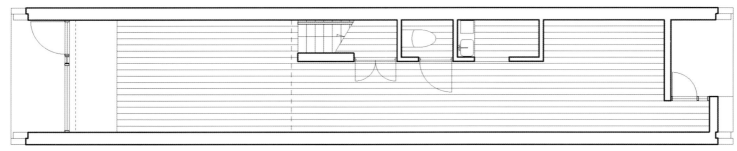

Ground floor plan / Planta baja

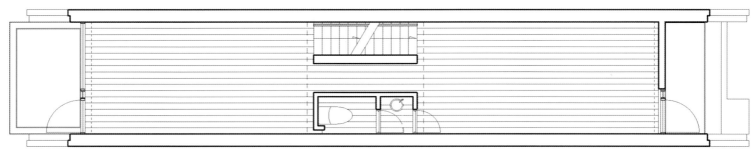

First floor plan / Planta primera

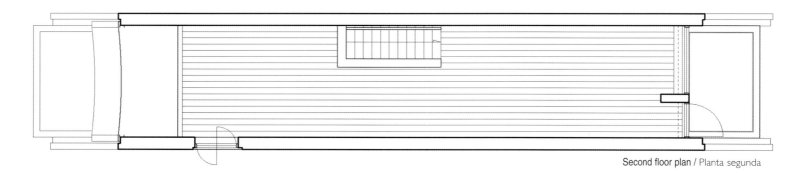

Second floor plan / Planta segunda

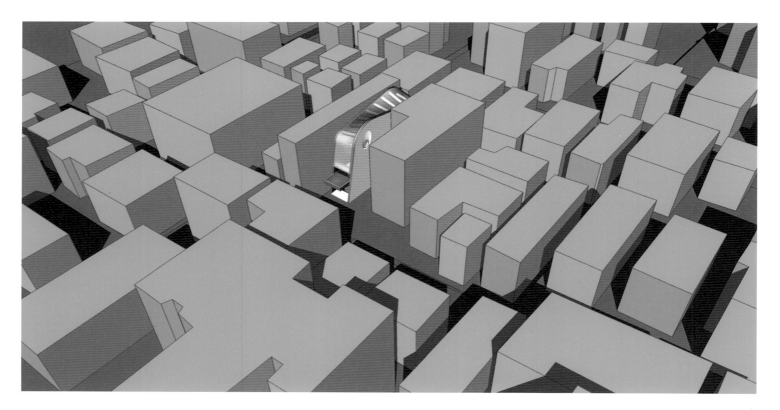

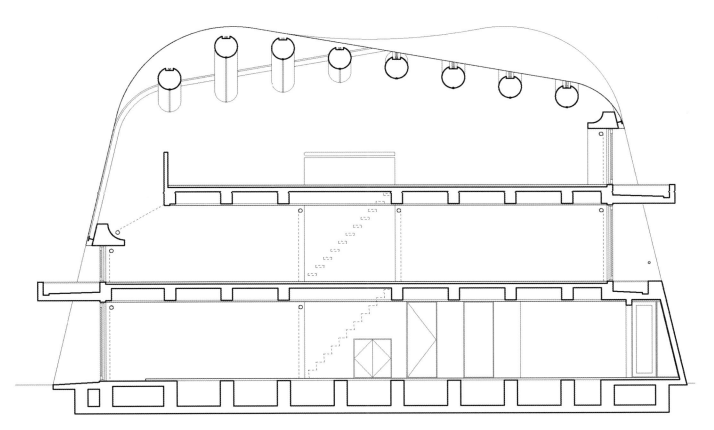

Longitudinal section / Sección longitudinal

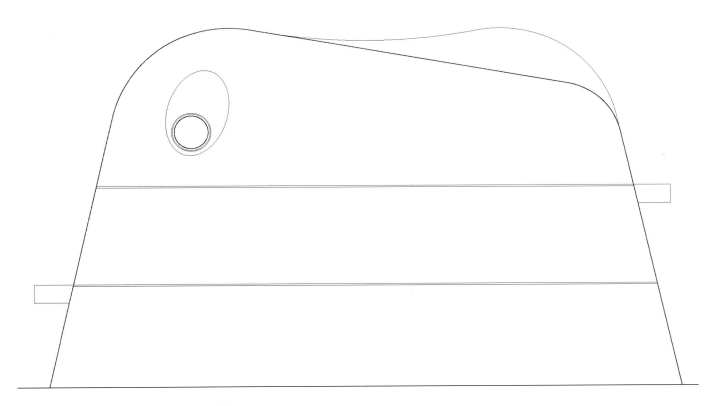

Side elevation / Alzado lateral

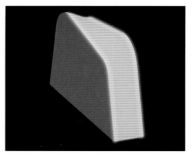

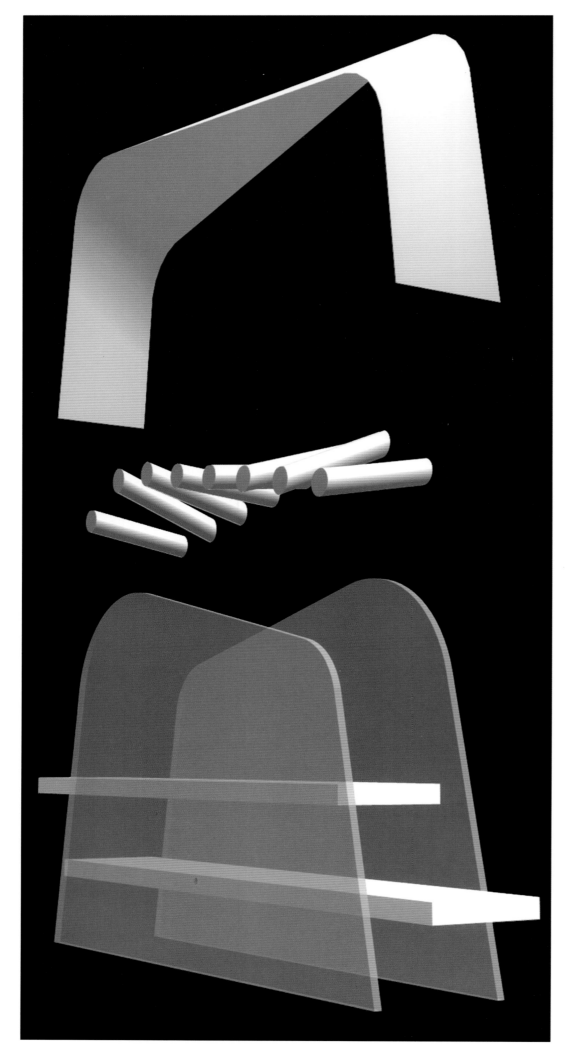

Concrete walls were run down either side of the site and a translucent membrane was stretched between them. In order to sustain tension in the roof fabric, a curve was created by making the two walls identical but reversed. Cylindrical concrete beams brace the two walls.

Se levantaron unos muros de hormigón a ambos lados del espacio de construcción, extendiendo una membrana translúcida entre ellos. Para sostener la tensión de la estructura de la cubierta, se creó una curva compleja haciendo idénticos aunque inversos los muros, reforzados además por unas vigas cilíndricas de hormigón.

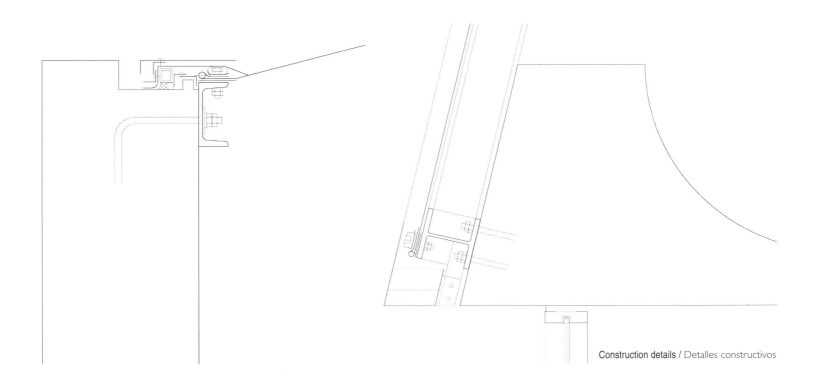

David Adjaye, Adjaye/Associates

Elektra House

London, UK   Photographs: Lyndon Douglas

The client, a sculptor with two small children, desired a flexible home which would contain a space in which to work as well as live. The program made use of the existing boundary walls and foundations. A new steel frame was inserted, from which hang the facades, allowing a small load to be transferred onto the existing footings.

The front of the house faces north and is conceived as an insulated facade with no outside views. This mute elevation is expressed in the interior as a double-height space with a continuous skylight running the length of the house, acting as a light chimney for the flexible live/work space on the ground.

The back of the house faces south and enjoys the full east to west aspect. This is exploited by making a large glazed clerestory and reflecting wall, creating a second double-height space, which scoops sunlight into the ground floor. The lower part of the elevation is divided into two: on one side is a glazed box and on the other a concertina window system opens onto a walled court space.

The upper floor is entered on the east side by a maple staircase. Upstairs, the rooms are small but the floor to ceiling heights are deliberately tall (3.2 meters). Each room has a full height door, which is the same thickness as the wall construction, and a skylight which is positioned to reflect as much light into the rooms as possible. The skylights are inclined in a specific direction resulting in a clock-like effect.

El cliente, un escultor con dos hijos pequeños, quería una casa de uso flexible que alojara un espacio tanto para trabajar como para vivir en él. El programa aprovechó los muros externos y los cimientos existentes. Se introdujo una estructura nueva de acero en la que se soportan las fachadas, permitiendo que se transmita una carga muy pequeña a los cimientos.

La cara frontal de la casa, orientada al norte, está concebida como una fachada aislada sin vistas al exterior. Esta muda elevación se expresa, en el interior, como un espacio de doble altura con una claraboya continua que se extiende a lo largo de toda la casa y que actúa como una chimenea de luz para el espacio de trabajo/vivienda inferior.

La parte trasera de la casa está orientada al sur, y disfruta del exterior de este a oeste. Esto se aprovecha mediante una extensa claraboya lateral de vidrio y una pared que refleja la luz, creando así un segundo espacio a doble altura que inunda la planta baja de luz. La parte inferior de la elevación se ha dividido en dos partes: a un lado se ha dispuesto un cubo rodeado de vidrio; en el otro, una serie de ventanas dan a un patio cerrado.

Se accede al piso superior por una escalera de madera de arce situada en la parte este. Las habitaciones son relativamente pequeñas, pero la altura de techo se ha diseñado deliberadamente alta (3,2 m). Cada habitación posee una puerta a toda altura del mismo grosor que la pared, y una claraboya orientada para proporcionar el máximo de luz a las habitaciones. Las claraboyas están inclinadas en diferentes direcciones según su situación.

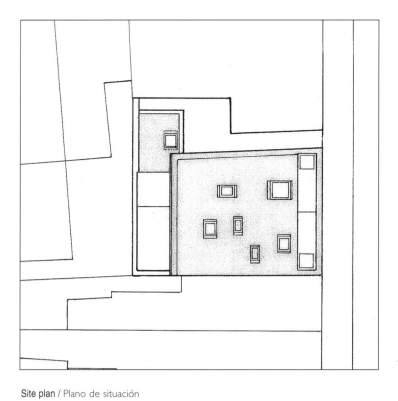

Site plan / Plano de situación

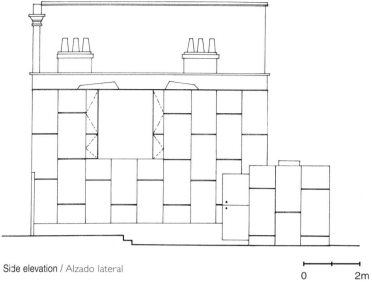

Side elevation / Alzado lateral

0   2m

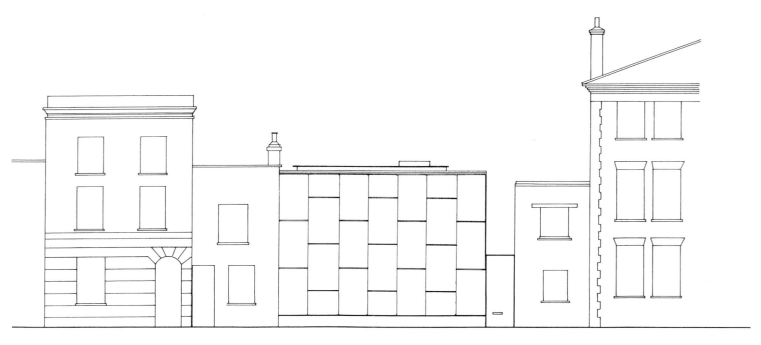

Front elevation / Alzado frontal

The exterior of the house is clad in a resin coated plywood. The boards are arranged in a stereometric pattern, its proportions rhyming with the windows of the neighborhood.

El exterior de la casa está constituido por un revestimiento de madera contrachapada. Las placas se distribuyen según un patrón estereométrico, y poseen un tamaño que armoniza con el de las ventanas de las casas vecinas.

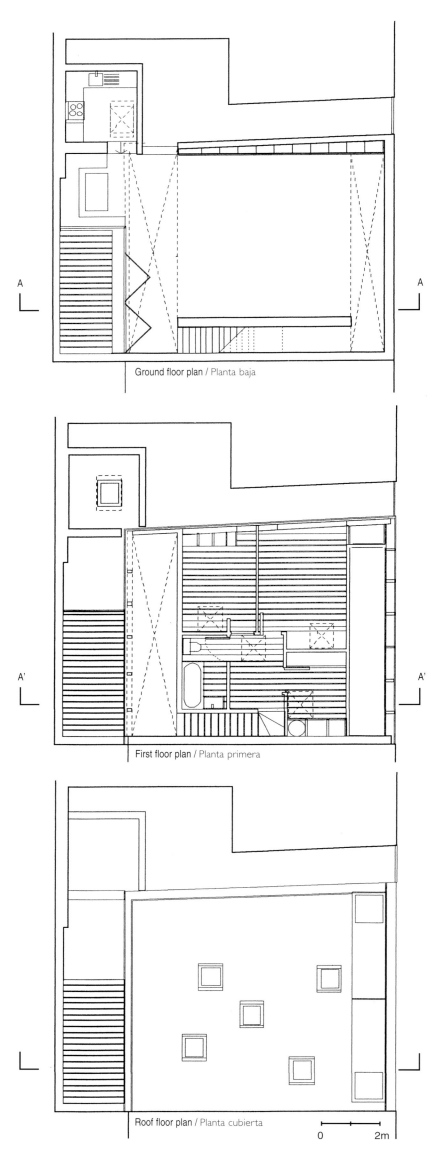

Ground floor plan / Planta baja

First floor plan / Planta primera

Roof floor plan / Planta cubierta

0   2m

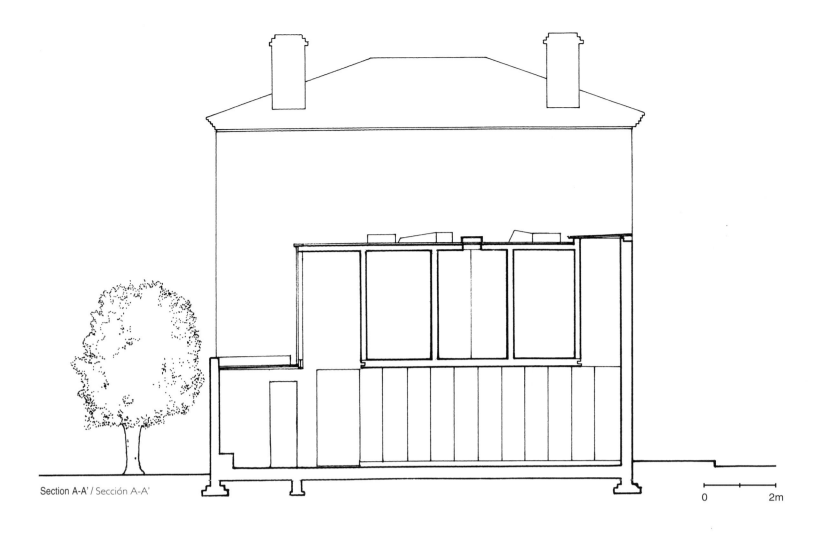

Section A-A' / Sección A-A'

0   2m

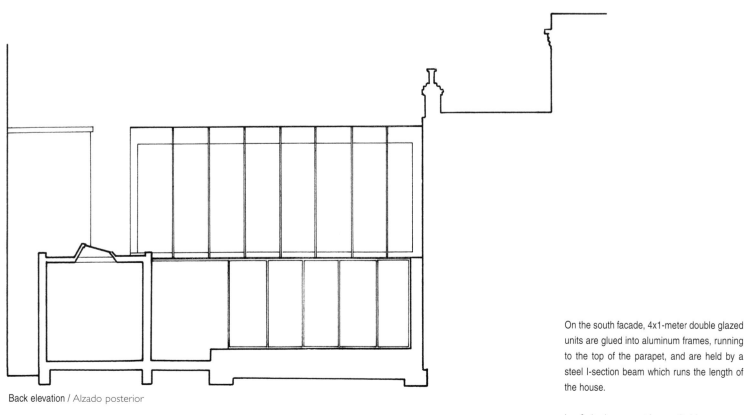

Back elevation / Alzado posterior

On the south facade, 4x1-meter double glazed units are glued into aluminum frames, running to the top of the parapet, and are held by a steel I-section beam which runs the length of the house.

La fachada sur está constituida por una estructura de aluminio con unidades de 4x1 metros de doble vidrio que se elevan hasta el antepecho de la fachada, soportada por una viga de acero de doble T que va de punta a punta de la casa.

Ivan Bercedo & Jorge Mestre

Duffy House

Sitges, Spain   Photographs: Jordi Miralles

The project called for the remodelling and enlargement of an old single-story dwelling built between party walls.

The street facade is hermetic, and part of the ceiling of the original house was pulled down to create a courtyard inside the entrance, which becomes an intermediate place between interior and exterior.

Because the house is squeezed in between the neighboring buildings, a series of private, outdoor spaces such as terraces and patios have been created where the owners can enjoy life in the open air. This is a house where people are constantly coming and going, where a tour of the grounds leads you inside and out.

As you stroll across the staggered terraces which lead from ground to second floor, when you look through the skylights and openings that communicate different scenarios, when you try to stick your head out of a tiny window or simply stand on a small vantage-point overlooking the sea, the house gradually pieces itself together: a small opening in a wall, moved for the sole purpose of allowing you to see the street as you lie in bed; an eye-level window frames the leaves of a tree as you sit turning the pages of a book, your feet on a sheet of glass.

El proyecto consiste en la reforma y ampliación de una vieja vivienda de una sola planta, situada entre paredes medianeras.

La fachada que da a la calle es hermética y se ha derribado una parte de la estructura existente para abrir un patio interior justo después del acceso, que se convierte en un lugar intermedio entre el interior y el exterior.

Precisamente porque la casa se encuentra encajonada entre las edificaciones contiguas, se ha planteado una serie de espacios exteriores privados, terrazas y patios, donde los propietarios puedan hacer vida al aire libre. Se trata de una casa de la que se sale y se entra constantemente, es posible recorrerla por dentro y por fuera.

Al pasear por las terrazas que se escalonan desde la planta baja hasta el segundo piso, al mirar a través de los tragaluces y las aberturas que conectan escenarios distintos, al intentar asomarse por una ventana muy pequeña o cuando nos quedamos quietos en un mirador estrecho desde el que se ve el mar, se va construyendo la casa: una pequeña abertura en un muro, desplazada con el único propósito de que alguien pueda ver la calle desde la cama; una ventana a la altura de los ojos de una persona sentada para enmarcar las hojas de un árbol mientras se hojea un libro; los pies sobre un vidrio.

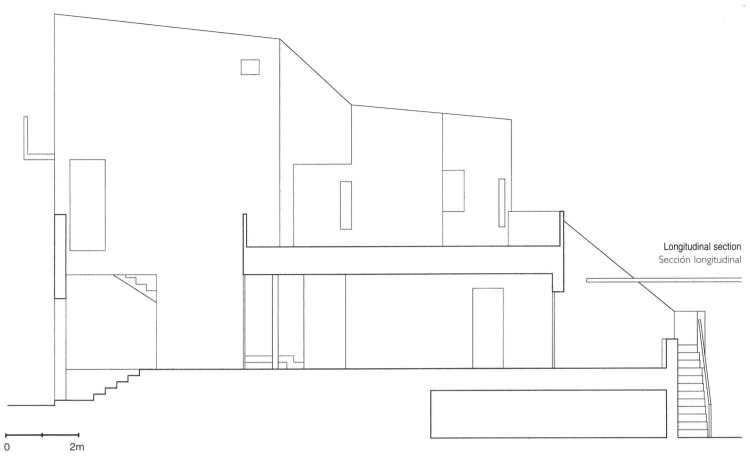

Longitudinal section
Sección longitudinal

0   2m

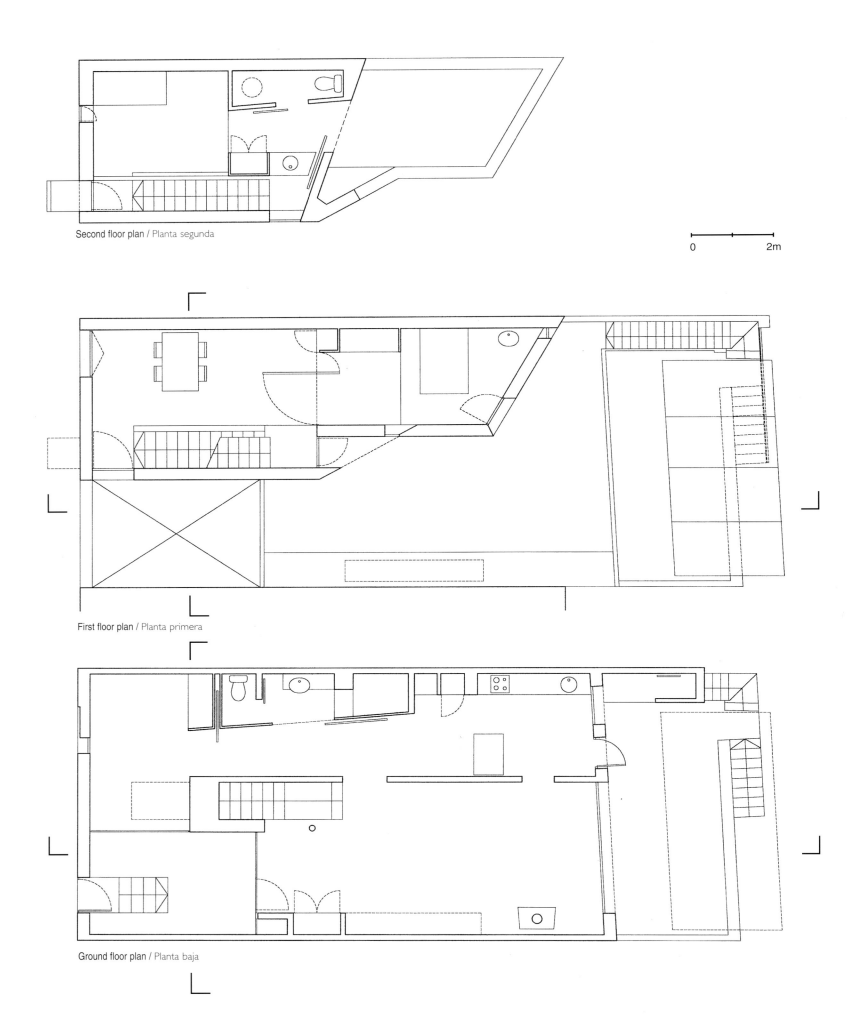

Second floor plan / Planta segunda

0　　2m

First floor plan / Planta primera

Ground floor plan / Planta baja

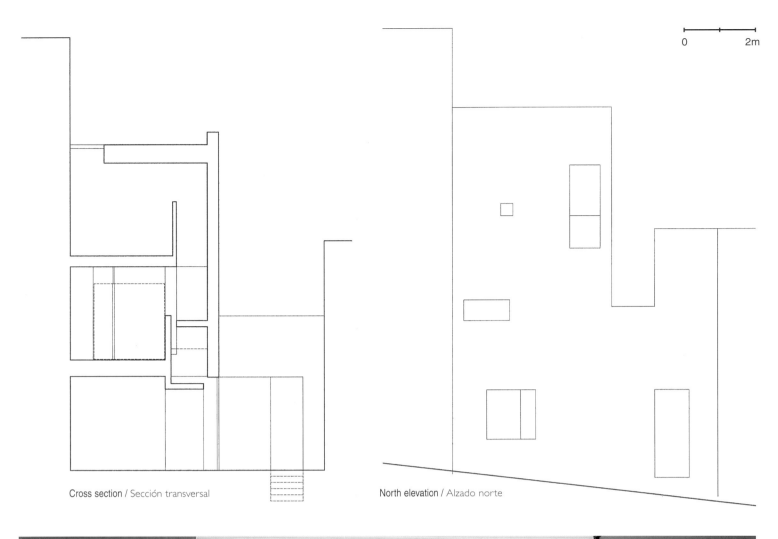

Cross section / Sección transversal

North elevation / Alzado norte

0   2m

Part of the ceiling of the original house was pulled down to create a courtyard inside the entrance. A series of outdoor spaces, such as terraces and patios, have been created where the owners can enjoy life in the open air.

Parte de la cubierta de la casa original se derribó para crear un patio interior justo después del acceso. Se crearon una serie de espacios exteriores, terrazas y patios, para que los propietarios pudieran disfrutar de la vida al aire libre.

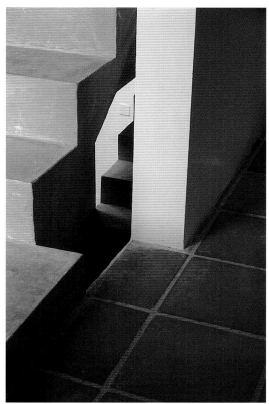

Eugeen Liebaut

Verhaeghe House

Sint Pieters Leeuw, Belgium   Photographs: Saskia Vanderstichele

The program for this house near Brussels was chosen from among ten competing architectural studios. The Verhaeghe house is a simple two-story structure with a flat roof, hemmed in on both sides by neighboring buildings. Since the site itself was seven meters wide and zoning restrictions would only allow a height of six meters, a modest volume had to be designed. With such spatial restrictions, the architects decided to make room by sinking the ground floor 80cm to the level of the foundation masonry. Financially, this is a simple enough operation; while the advantages gained in spatial configuration are highly attractive.

The living room is a high-ceilinged, transparent space. Here, the inhabitants move freely about between two strategically-placed volumes - the kitchen and the toilet - which do not reach the full height of the ceiling. Together, these volumes form a screen of sorts within the transparent volume which provides the necessary privacy from the public street. The high and wide glass facade rises from an incision between the volume and the socle like a rare and floating object.

The rear facade is also entirely glazed, making the steel-grated terrace outside seem like a continuation of the dwelling. By working with grates, the bedrooms on the ground floor are ensured sufficient light. This relatively small house enjoys a spatiality which many a majestic villa can only dream of.

Este proyecto de vivienda cerca de Bruselas fue el escogido de entre los de diez despachos de arquitectura que se presentaron al concurso. La casa Verhaeghe consiste en una estructura simple de dos pisos con cubierta plana, flanqueada a ambos lados por las casas vecinas. Dado que el solar tenía una anchura de siete metros y que las restricciones urbanísticas permitían una altura máxima de seis metros, debía diseñarse un volumen más bien modesto.

En vista de las restricciones espaciales del proyecto, los arquitectos decidieron ganar espacio rebajando la planta baja 80 cm, al nivel de los cimientos. Esto constituye una operación relativamente sencilla desde el punto de vista financiero, mientras que las ventajas espaciales que supone resultan enormemente atractivas.

La sala de estar está constituida por un espacio transparente de techo alto. Los usuarios pueden moverse libremente por ella entre dos volúmenes situados estratégicamente: la cocina y el lavabo. Éstos no alcanzan la altura de techo completa y forman una especie de pantalla en el espacio transparente, proporcionando la privacidad necesaria frente a la calle. La fachada de vidrio, alta y de gran anchura, se eleva desde una incisión situada entre el volumen y el zócalo, semejando un extraño objeto flotante.

La fachada posterior también es completamente vidriada, haciendo que la terraza exterior con enrejado de acero parezca una prolongación de la vivienda. Jugando con estos enrejados, se consigue que penetre la luz necesaria en los dormitorios de la planta baja. Esta casa, relativamente pequeña, disfruta sin embargo de una espacialidad que muchas grandes mansiones querrían para sí.

Site plan / Plano de situación

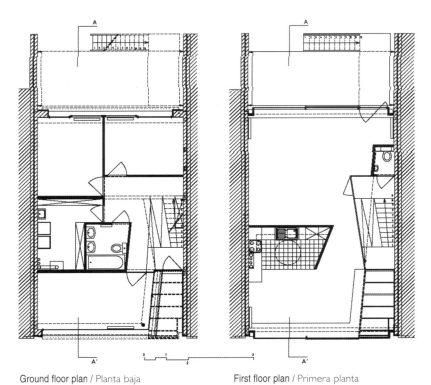

Ground floor plan / Planta baja   First floor plan / Primera planta

Since zoning restrictions required a height of no more than 6 meters, interior space was gained by sinking the house by nearly one meter.
The block containing the kitchen is positioned to shield the interior from views from the street.

Dado que las restricciones urbanísticas permitían una altura máxima de 6 metros, se ganó en espacio interior rebajando el edificio casi un metro por debajo del nivel del suelo. El bloque que contiene la cocina está dispuesto de forma que protege el interior de ser visto desde la calle.

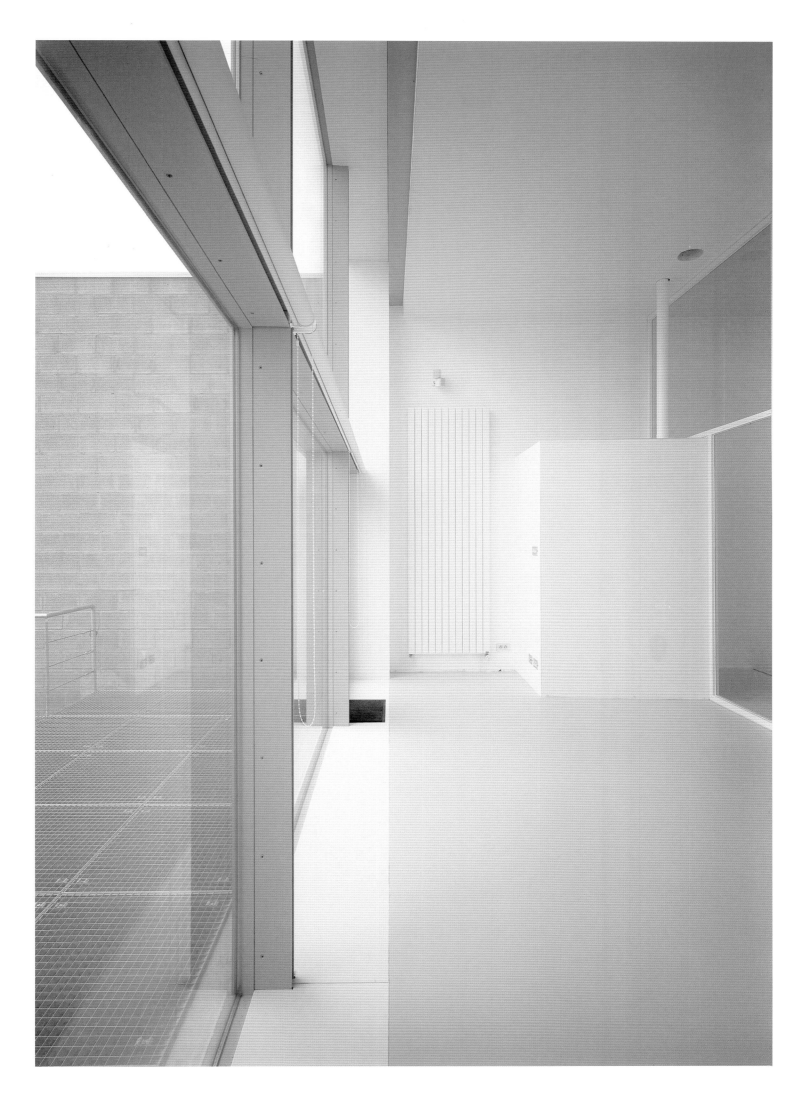

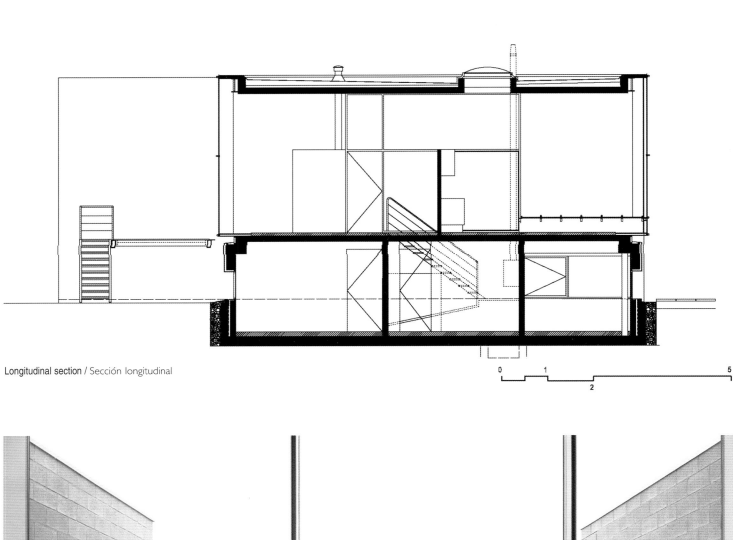

Longitudinal section / Sección longitudinal

0   1   5
    2

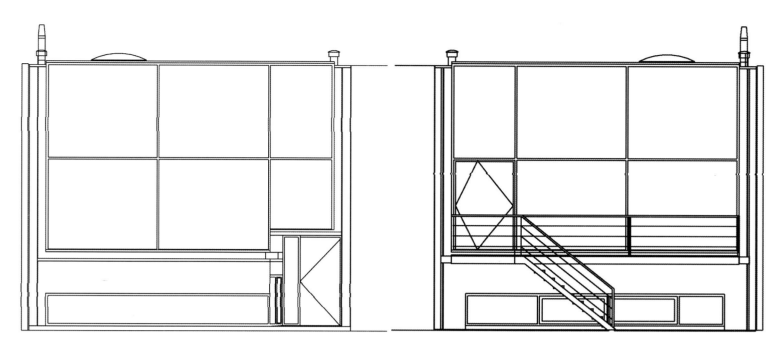

Front elevation / Alzado principal   Back elevation / Alzado posterior

Koh Kitayama + architecture WORKSHOP

Omni Quarter

Tokyo, Japan   Photographs: Nobuaki Nakagawa

This multi-purpose building, which is located in one of Tokyo's most sophisticated areas, has a basement floor, which houses an atelier, and four stories,
covering a total floor area of 863m². Living quarters are on the third and
fourth floors; a shop occupies the first and second floors.

A spacious, atrium-like space has been annexed onto the south side. This
space serves the dual purpose of providing a stairwell which does not
obstruct the central living space and an air layer that is part of a double-skin
environmental control device.

This latter function is part of the architects' philosophy of designing structures which handle environmental conditions in a more rational manner: it is
the inhabitants who decide when their home needs a "change of clothes",
opening and closing household fixtures in response to the given climate and
season.

This building also displays a characteristic which is not only typical of this
studio's work, but to Asian house architecture in general: a planar format,
with hallways and stairways placed at the periphery of the living area, thereby creating spaces which are easily adaptable to changes in daily living.

The building is an equal span rigid-frame structure with support columns on
the inside, which frees up space in the hallways.

Este edificio multiuso, situado en una de las zonas más sofisticadas de
Tokio, posee un sótano, que alberga un taller artístico, y cuatro plantas,
alcanzando los 863 m² de superficie. Las viviendas se alojan en la tercera y cuarta plantas, mientras que la primera y segunda plantas están
ocupadas por un centro comercial.

En la parte sur del edificio, se ha anexado un espacio amplio similar
a un atrio. Este espacio cumple el doble propósito de albergar una
escalera que no obstaculice el espacio central, y de proporcionar
una capa de aire que forma parte de un dispositivo de control
ambiental de doble piel.

Esta última función forma parte de la filosofía de los arquitectos, que
consiste en diseñar estructuras que gestionen las condiciones ambien-
tales de un modo más racional: son los usuarios los que deciden cuándo hay que "cambiarse de ropa", abriendo o cerrando instalaciones
fijas de la casa según la época del año y el tiempo que haga.

Este edificio presenta también otra característica que no sólo es pro-
pio de este estudio de arquitectura, sino de la arquitectura asiática en
general: el formato plano de vivienda, con pasillos y escaleras dispues-
tos en la periferia de las áreas comunes, creando unos espacios que
pueden adaptarse fácilmente a cambios en la vida cotidiana.

El edificio posee una estructura regular de pórtico rígido con columnas
de carga en el interior, lo que libera espacio en los pasillos.

The south-facing facade is an open air duct structure with slits. This space serves the dual purpose of providing a stairwell, which does not obstruct the central living space, and an air layer that is part of a double-skin environmental control device.

La fachada sur es una estructura de conducto abierta al exterior mediante ranuras. Este espacio cumple el doble propósito de albergar una escalera que no obstaculice el espacio central y de proporcionar una capa de aire que forma parte de un dispositivo de control ambiental de doble piel.

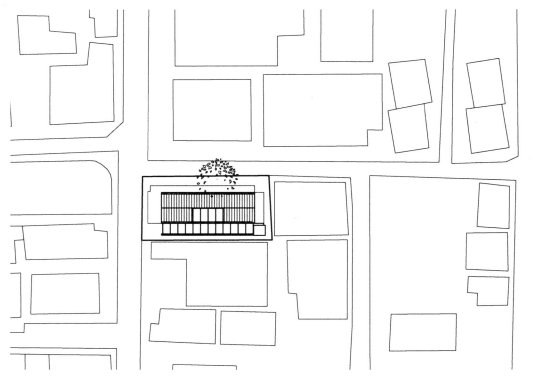

Site plan / Plano de situación

Feeling that Japanese architecture has tended in the past several years toward sterile and homogenous spaces, this studio sought a more "user-friendly" design. All skylights and openings can be opened or closed according to the season or weather conditions.

Con el hecho de que la arquitectura japonesa ha tendido, en los últimos años, a crear espacios estériles y homogéneos, este estudio trató de realizar un diseño más enfocado al usuario. Todas las claraboyas y aberturas pueden abrirse o cerrarse según la época del año o el tiempo que haga.

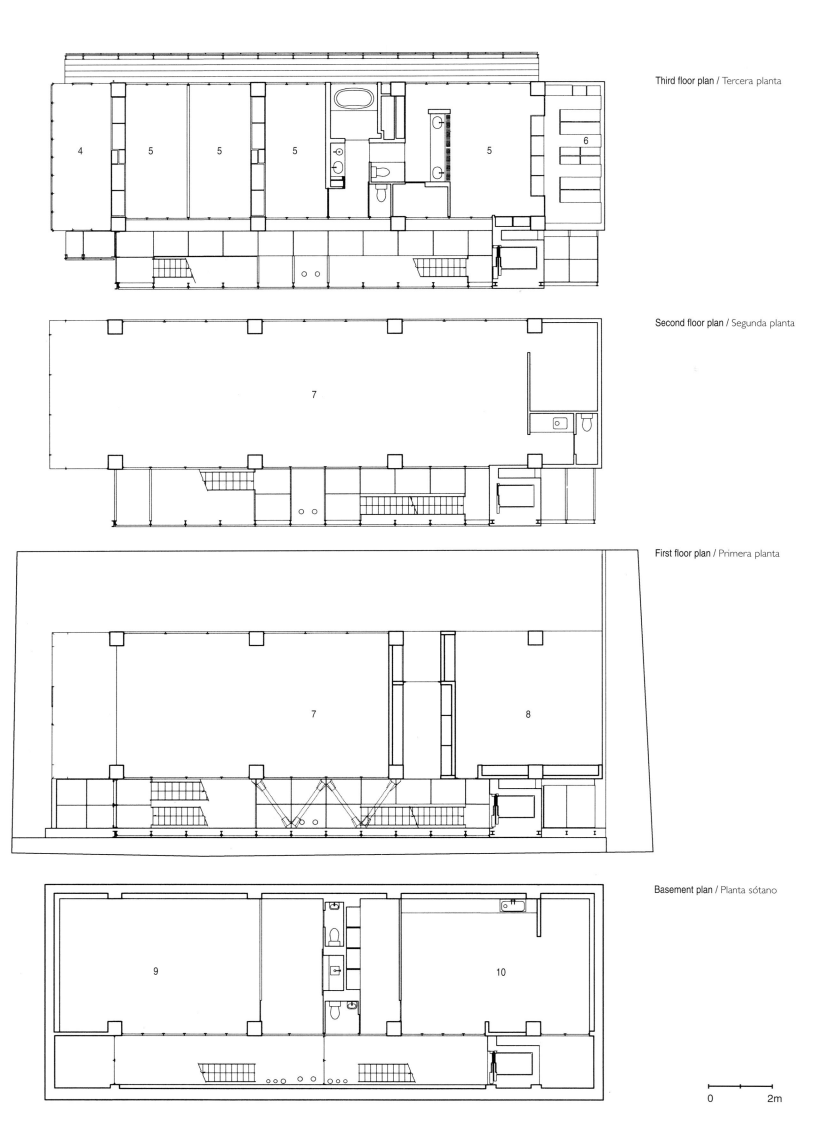

Third floor plan / Tercera planta

Second floor plan / Segunda planta

First floor plan / Primera planta

Basement plan / Planta sótano

0   2m

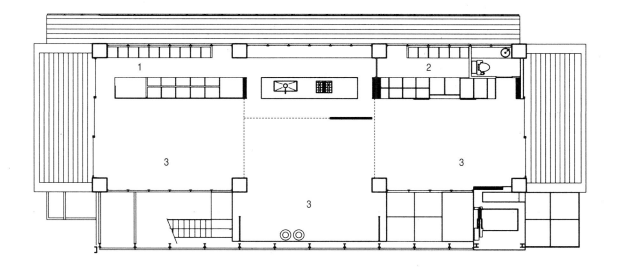

1. Work space / Estudio
2. Pantry / Despensa
3. Multi-use room / Sala polivalente
4. Atelier / Taller
5. Private room / Estudio privado
6. Cloak / Guardaropa
7. Tenant / Planta de alquiler
8. Parking area / Garage
9. Gallery / Galeria
10. Ceramics atelier / Taller de cerámica

The building is an equal span, rigid-frame structure, which has provided ample space on the periphery for communication routes, thereby freeing the living area from obstructions.

El edificio posee una estructura regular de pórtico rígido que proporciona un amplio espacio periférico para disponer vías de comunicación, liberando así de obstáculos la zona de viviendas.

Koh Kitayama + architecture WORKSHOP
Plane + House

Tokyo, Japan   Photographs: Nobuaki Nakagawa

This house, with an attached studio and a total floor area of 177m², occupies almost the entirety of its small plot, located in a densely populated area of Tokyo. The client is an industrial designer who required that the building include facilities for both a home and office.

Because of local zoning restrictions the construction area is an exact square, which at least offers the possibility of creating wide-open, diaphanous spaces. The building is an equal span rigid-frame structure with supporting columns on the inside, freeing up space in the hallways.

The space formed between the outer and inner walls is used for staircases, and also serves as a ventilation duct. Top-lit glass has been installed in the ceiling in this space, guiding natural light downwards.

This structure displays the planar format of homes often seen in Asia, with hallways running around the outside of the living areas. Such spaces are easily adaptable to changes in daily living.

However, in other aspects, the architects have consciously tried to distance the design of this biulding from typical Japanese architecture. They feel that in the past several years, particularly in Japan, there has been a trend towards an almost unnatural sterility and homogeneity, reminiscent of the brightly-lit convenience store equipped with air conditioning and heating. Homes in which spatial composition and environment-friendly technology support one another are not —but perhaps shoud be— the norm. As a response, they have designed a home in which the occupants must recognize when it is time for a "change of clothes", opening and closing household fixtures according to the given climate and season.

Esta casa de 177 m² de suelo, con un estudio adjunto, ocupa casi todo su pequeño solar, situado en una zona densamente poblada de Tokio. El cliente es un diseñador industrial que requirió que el edificio albergara tanto espacios de trabajo como de vivienda.

Debido a las restricciones urbanísticas de la zona, la superficie de construcción es un cuadrado exacto, lo que, por lo menos, ofrece la posibilidad de crear espacios abiertos y diáfanos.

El edificio posee una estructura regular de pórtico rígido con columnas de carga en el interior, liberándose espacio mediante pasillos.

El espacio entre los muros externos e internos se usa para las escaleras y sirve además como conducto de ventilación. Además, se ha coronado con una cubierta de vidrio por la que la luz penetra hacia abajo.

Esta estructura presenta el formato plano de vivienda tan frecuente en Asia, con pasillos exteriores a las áreas comunes. Así, este tipo de espacios pueden adaptarse fácilmente a cambios en la vida cotidiana.

Sin embargo, en otros aspectos del diseño de este edificio, los arquitectos han intentado deliberadamente apartarse de la típica arquitectura japonesa. Opinan que, en los últimos años, y en Japón especialmente, ha habido una tendencia hacia una esterilidad y homogeneidad casi antinatural en la arquitectura, como si los edificios fueran como una cadena de tiendas de 24 horas con mucha luz, aire acondicionado y calefacción. Las casas en las que la composición espacial y una tecnología respetuosa con el medio ambiente se refuerzan entre sí no constituyen, y quizá deberían, la norma. Su respuesta ha sido diseñar una casa en la que los ocupantes deben reconocer cuándo hay que "cambiarse de ropa", abriendo o cerrando instalaciones fijas de la casa según el clima y la estación del año.

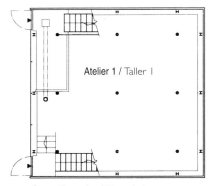

Groundfloor plan / Planta baja

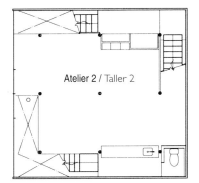

First floor plan / Primera planta

Second floor plan / Segunda planta

Third floor plan / Tercera planta

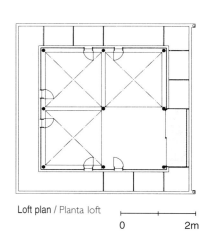

Loft plan / Planta loft

0   2m

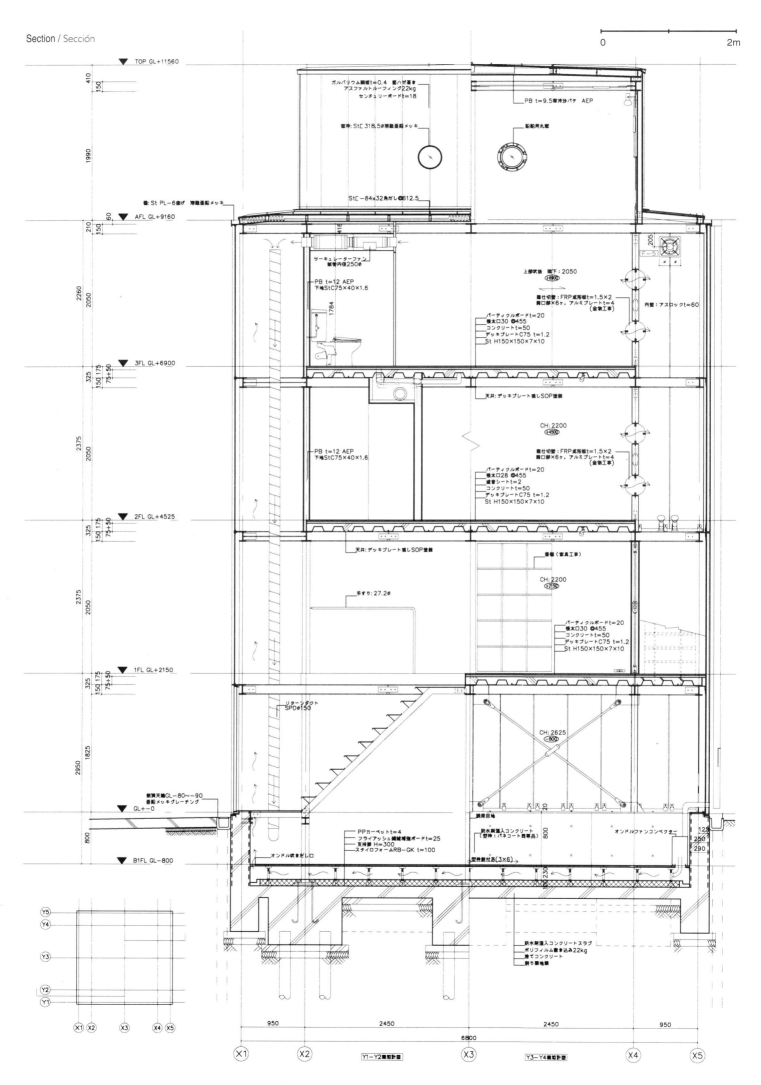

0   2m

Due to zoning laws, the construction space is an exact square, a limitation which nonetheless gave rise to the creation of wide-open spaces. Hallways and stairways have been placed on the periphery of the living areas.

Debido a restricciones urbanísticas, el espacio de construcción era un cuadrado exacto, una limitación que, sin embargo, dio lugar a la creación de espacios abiertos. Los pasillos y escaleras se han dispuesto en la periferia de las zonas de vivienda.

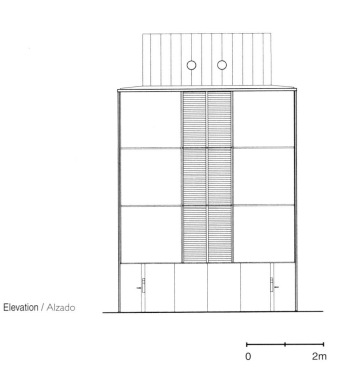

Elevation / Alzado

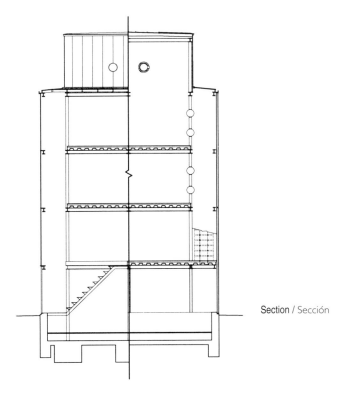

Section / Sección

0   2m

RAPP + RAPP (Christian Rapp & Penne Hangelbroek)

Sporenburg 6 / Sporenburg 12

Amsterdam, The Netherlands   Photographs: Kim Zwarts

These homes are located in the Eastern Docklands, on a peninsula not far from Amsterdam's historical center. The area had formerly been used for shipping and shunting activities, but was opened recently by the city council for housing development.

In conscious denial of the suburban dwelling typology, these two markedly introverted buildings were designed with a view to ensuring the maximum amount of privacy. Considering the tightly packed row housing (with plots ranging from just 4.2 to 6 meters of width), which characterizes this neighborhood, attaining privacy was no simple accomplishment. The solution decided upon was to build the structures as freestanding houses, separated (as much as spatial restrictions would allow) from the adjacent buildings.

The volumes have been separated by narrow (less than one meter) alleyways, which have allowed for the placement of the main entrances on the side of the house, rather than on the front facade. This space, albeit minimal, also serves to draw more light into the core of the house, as well as increases the sensation of privacy by acting as noise insulation from the neighboring buildings.

Taking into consideration the plots' very narrow width, the architects decided to design the interior spaces with only the absolutely necessary amount of partitions, thus creating spacious, breathable rooms and, in general, increased potential for accommodating future changes in use.

The enclosed patio and terrace, while sufficiently open to fill the private spaces with light and air, are entirely disassociated from the neighboring structures by high walls of opaque glass, thereby letting light pass, but not exterior views.

For the most part, the facades and outer walls are very hermetic structures, with the exception of the street facade on the shorter side of the volume, with its expansive glass surfaces. Its massive window frames made of solid wood relate closely to the thickness of the walls of brick and stone.

Estas viviendas se sitúan en los Muelles del Este, en una península relativamente cercana al centro histórico de Ámsterdam. Ésta era una zona reservada a actividades y maniobras navales, pero el ayuntamiento la abrió recientemente para su desarrollo como área de viviendas.

Evitando conscientemente la tipología de vivienda suburbana, estos dos edificios de carácter introvertido se diseñaron con el propósito de preservar al máximo la privacidad de sus usuarios. Teniendo en cuenta la ajustada alineación de las viviendas característica de este barrio (con solares de anchura entre 4,2 y 6 metros), conseguir el objetivo no fue tarea fácil. La solución que se adoptó fue erigir las viviendas como edificios independientes, separados de los adyacentes en la medida en que lo permitieran las restricciones de espacio.

Entre los dos volúmenes se dispusieron callejones estrechos (de menos de un metro), con lo que las entradas principales se pudieron construir en los laterales del edificio en lugar de en la fachada frontal. Este espacio, aún teniendo las dimensiones mínimas, también sirve para que penetre más luz en el interior del edificio, incrementando a la vez la sensación de intimidad, ya que actúa como aislante acústico frente a los edificios circundantes.

Teniendo en cuenta la reducida anchura de los solares, los arquitectos decidieron desarrollar la distribución interior con la mínima cantidad de divisiones, diseñando habitaciones espaciosas y, en general, facilitando la posibilidad de futuros cambios en el uso de los espacios.

El patio interior y la terraza, suficientemente abiertos como para llenar de luz y aire las estancias privadas, están completamente separados de los edificios vecinos mediante paredes altas de vidrio opaco, que dejan pasar la luz pero no las vistas exteriores.

En su mayoría, las fachadas y muros exteriores son estructuras muy herméticas, a excepción de la fachada que da a la calle, en el lado más corto del volumen, provista de extensas superficies vidriadas. Sus inmensos bastidores de ventana, de madera sólida, están estrechamente relacionados con el grosor de los muros de ladrillo y piedra.

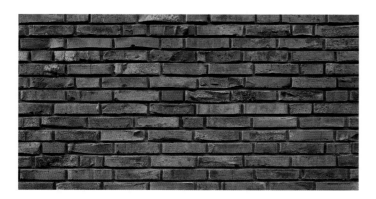

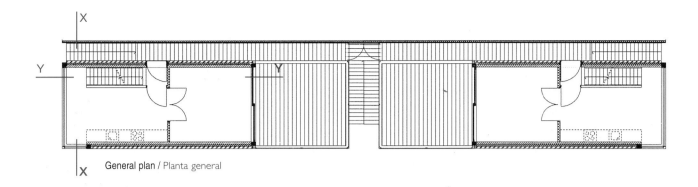

General plan / Planta general

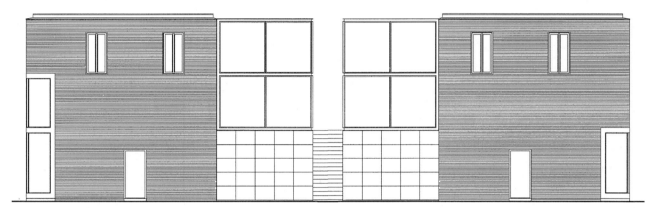

East elevation / Alzado este

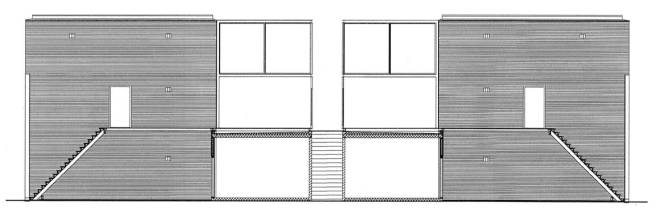

West elevation / Alzado oeste

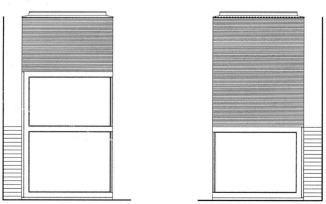

South elevation / Alzado Sur   North elevation / Alzado norte

Alleyways of less than one meter width have been created between the volumes, thereby allowing for the placement of the entrances on the side of the house, rather than the front. This space draws more light into the house and also acts as noise insulation from the neighboring buildings.

Entre los dos volúmenes se dispusieron callejones estrechos (de menos de un metro), con lo que las entradas principales se pudieron construir en los laterales del edificio en lugar de en la fachada frontal. Este espacio sirve para que penetre más luz en el interior de la casa y también actúa como aislante acústico frente a los edificios circundantes.

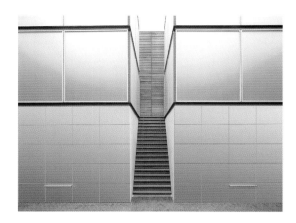

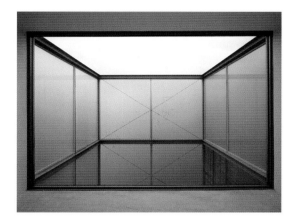

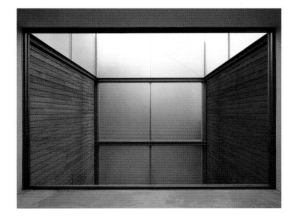

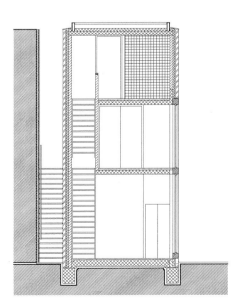

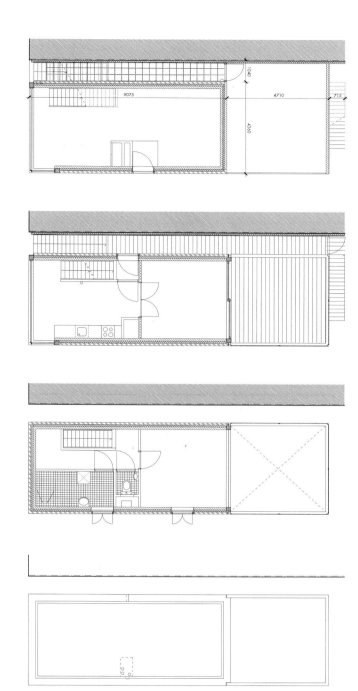

Floor plans / Plantas

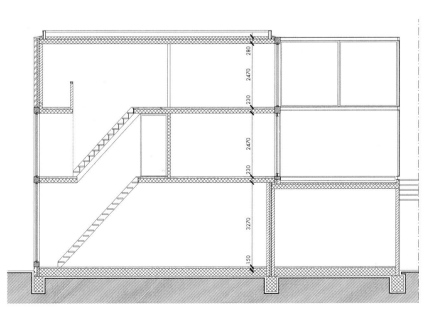

Section XX / Sección XX   Section YY / Sección YY

The facades are very hermetic structures, with the exception of the street facade on the shorter side of the volume, with its expansive glass surfaces. Its massive wooden window frames relate to the thickness of brick and stone walls.

Las fachadas y muros exteriores son estructuras muy herméticas, a excepción de la fachada que da a la calle, en el lado más corto del volumen, provista de extensas superficies vidriadas. Sus inmensos bastidores de ventana, de madera sólida, están relacionados con el grosor de los muros de ladrillo y piedra.

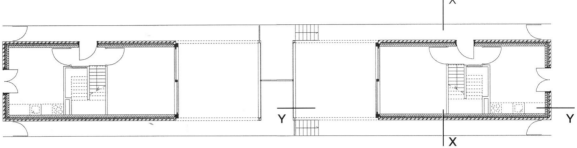

General plan / Planta general

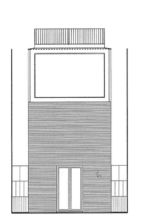

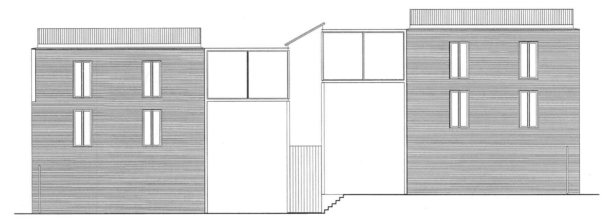

North elevation / Alzado norte   West elevation / Alzado oeste

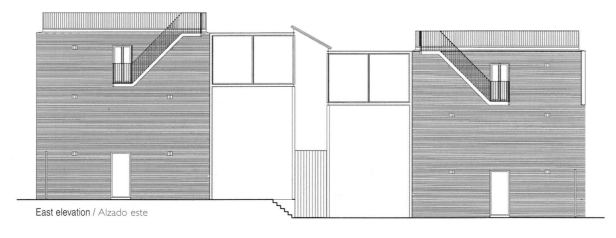

East elevation / Alzado este

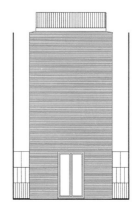

South elevation / Alzado sur

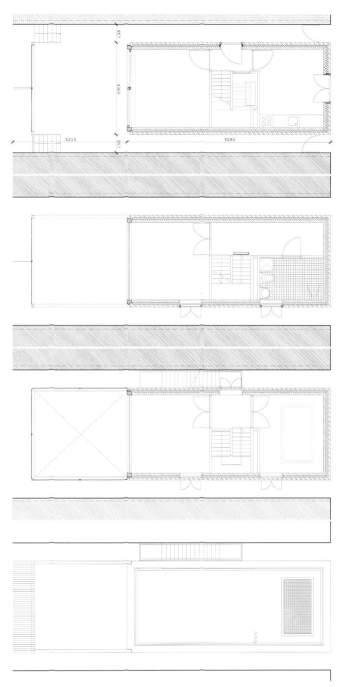

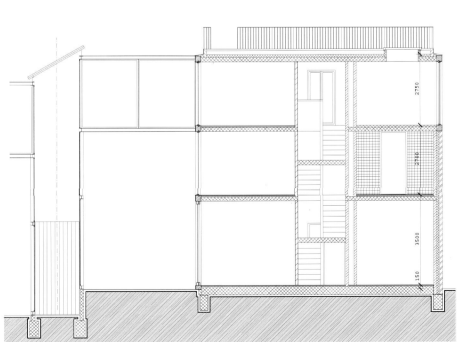

Floor plans / Plantas

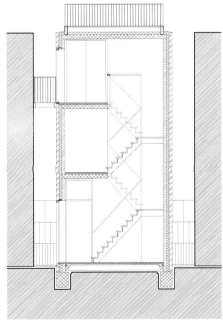

Section XX / Sección XX

Section YY / Sección YY

SCDA Architects

Teng Residence-Soo Chan, Rene Tan

Singapore, Singapore   Photographs: Peter Mealin + Jacob Termansen

This house, designed for a single male professional and his mother, is located on a tight suburban lot where plot ratios have been intensified and the height increased to three floors. One atypical feature of this home is the inclusion of a prayer/meditation room.

The suburbs of Singapore have been highly urbanized as the result of changes in zoning regulations. In the case of this project, the neighbouring house is less than four meters away, making privacy a key concern.

The house is conceived as a latticed, two-story wooden box, constructed entirely of steel and wood and suspended above ground level.

A sheer wall —meant to form a visual barrier— has been built one meter from the building on the side facing a neighboring house. This one-meter slot allows light to wash against the sheer wall, reflecting it back toward the house.

All the plumbing and services are organized in a zone to the right of the party wall. A granite internal reflective pool is located under the central, trellised skylight; while a slender steel and timber bridge connects the two halves of the program.

The facades are designed with a double skin. Fixed timber louvres are angled down to allow views of the exterior, while ensuring privacy from street level. The facade's glazing has openable panels allowing for natural ventilation.

Esta casa, diseñada para un hombre soltero de profesión liberal y su madre, está situada en una densa zona suburbana, en la que últimamente se ha aumentado la proporción de suelo edificable y la altura de las viviendas ha pasado a ser de tres pisos. Una característica más bien atípica de la casa es la inclusión de una sala de oración y meditación.

Los suburbios de Singapur se han urbanizado intensamente a consecuencia de los cambios en las regulaciones urbanísticas de la ciudad. En este proyecto, la casa contigua se encuentra a menos de cuatro metros de distancia, con lo que preservar la privacidad se convirtió en un objetivo principal.

La casa consiste en una caja con celosías de madera de enrejada de dos pisos, suspendida por encima del nivel del suelo y construida enteramente en madera y acero.

Se ha construido un muro, dispuesto a modo de barrera visual, a un metro del edificio, en el lado que da a una de las casas vecinas. Este espacio libre de un metro deja que penetre la luz y se refleje en el muro hacia la casa.

Todas las instalaciones y servicios de la casa se han dispuesto a la derecha de la pared medianera. Una piscina interior de granito se encuentra situada debajo de la claraboya central, a su vez provista de una celosía. Por otro lado, un puente de acero y madera conecta las dos mitades del programa.

Las fachadas se han diseñado con una piel doble. Por un lado, unos listones de madera fijos e inclinados hacia abajo permiten ver el exterior sin que desde la calle pueda verse el interior. Por otro lado, la fachada de vidrio está constituida por unos paneles que pueden abrirse para proporcionar una ventilación natural.

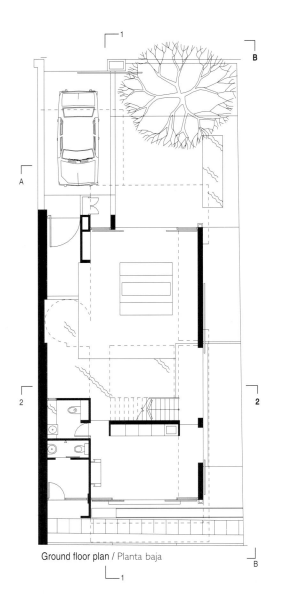

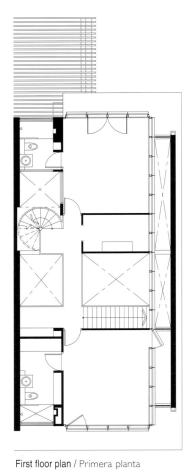

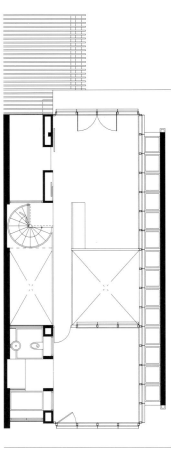

Ground floor plan / Planta baja

First floor plan / Primera planta

Second floor plan / Segunda planta

Only at ground level are the windows visually unobstructed to allow views of the narrow garden between the two houses. The living room is well-supplied with natural light from above (the central well) and the side. Light is increased by white walls and floor.

Las ventanas no presentan obstáculos visuales únicamente en la planta baja, para permitir la visión del pequeño jardín situado entre las dos casas. En la sala de estar penetra abundante luz natural desde arriba (por el patio central) y desde un lateral. La luz se refuerza con el color blanco del suelo y de las paredes.

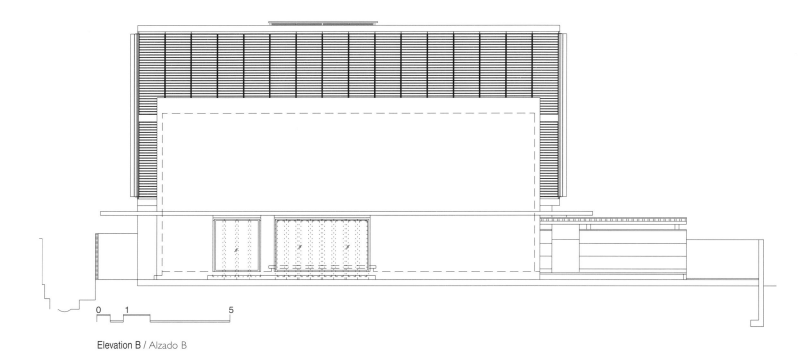

Elevation B / Alzado B

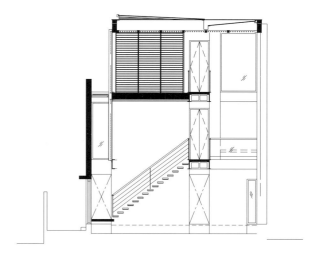

Section 2-2 / Sección 2-2

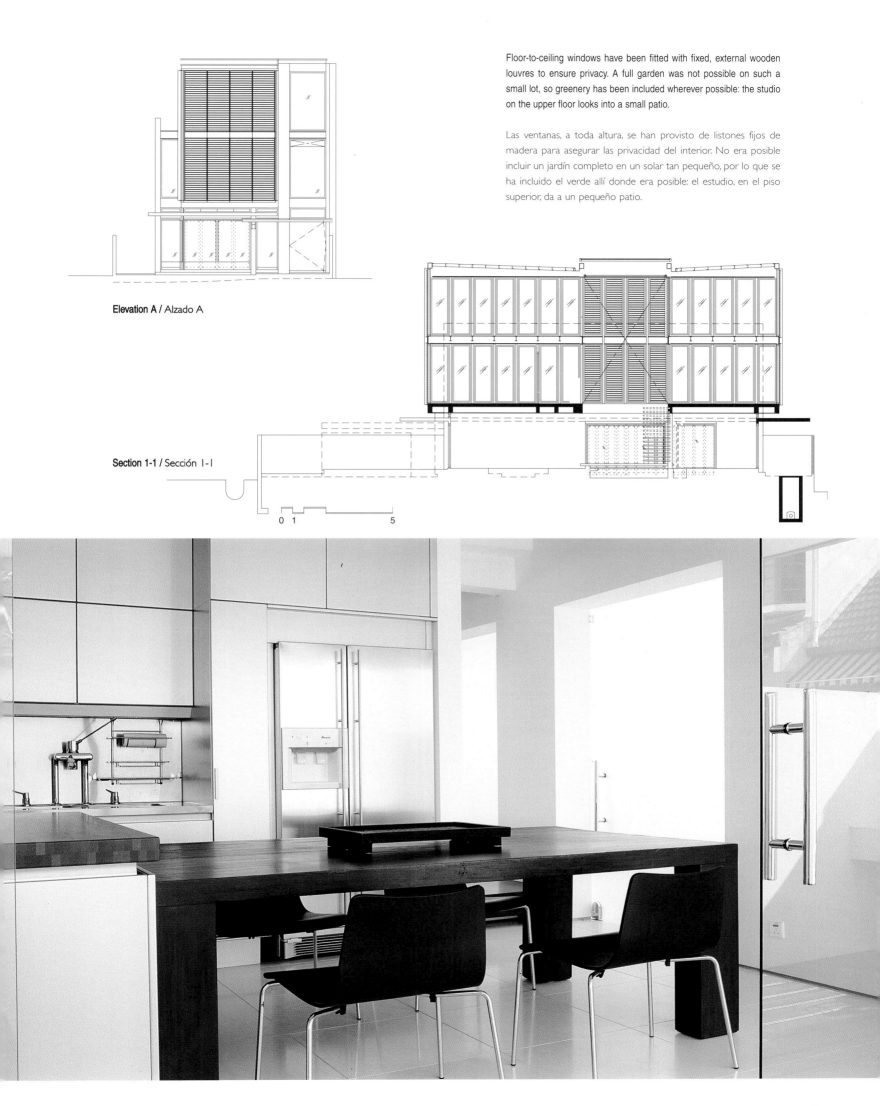

Floor-to-ceiling windows have been fitted with fixed, external wooden louvres to ensure privacy. A full garden was not possible on such a small lot, so greenery has been included wherever possible: the studio on the upper floor looks into a small patio.

Las ventanas, a toda altura, se han provisto de listones fijos de madera para asegurar las privacidad del interior. No era posible incluir un jardín completo en un solar tan pequeño, por lo que se ha incluido el verde allí donde era posible: el estudio, en el piso superior, da a un pequeño patio.

Elevation A / Alzado A

Section 1-1 / Sección 1-1

0 1   5

pool Architektur

in spe-single family house

Wien, Austria   Photographs: Hertha Hurnaus

The site is determined on the one hand by a slope falling gently towards the north, and on the other by two statutory regulations restricting the possible building location: it had to be adjoined to the neighbouring house and was not allowed to be more than a few meters away from the street on the southern side.

One approaches the house by gentle concrete steps gradually entrenching themselves into the ground, thus leading to the sunken entrance area situated between ground and basement floor. Along with the access steps a car ramp, which, among other things, can also be used as a covered parking space or to play table tennis, runs down to the basement level.

The kitchen/dining area, open completely to the south, is a few steps above entrance level. From this three-meter-high space, four steps lead up to the somewhat lower-height living area, expanding into the garden on the north side. A sliding door provides access to a terrace, beyond which lie a swimming pool and garden.

Turning around again, the slope of the entrance hill leads to a working area situated on top of it, between ground and first floor. Here, sunlight shines into the ground floor, and one has a fair view of the landscape and home.

Another turn, and after some steps one arrives at a small room which provides access to three individual rooms, a bathroom and a small terrace on the south side. From here, a steel stairway leads up to the roof, offering a marvellous view over Lainzerbach.

El encargo venía determinado, por una parte, por la suave pendiente del terreno, que desciende hacia el norte, y por otro lado por dos normas de regulación que restringían las posibles localizaciones del edificio: éste tenía que colindar con el edificio contiguo, y además no podía separarse más que unos pocos metros de la calle, situada al sur. El acceso a la casa tiene lugar por unos suaves escalones de hormigón que se atrincheran gradualmente en el suelo, que llevan hasta la zona de entrada, semihundida, situada entre la planta baja y el sótano. Junto con estas escaleras de acceso, una rampa para coches, que entre otras cosas puede utilizarse como zona de aparcamiento cubierta o para jugar al ping-pong, desciende hasta el sótano.

La cocina-comedor, completamente abierta hacia el sur, se encuentra ligeramente elevada respecto al nivel de la entrada. Desde este espacio de tres metros de altura, cuatro escalones conducen hasta la sala de estar, de altura ligeramente inferior, que se extiende hacia el jardín situado en la cara norte. Una puerta corredera da acceso a la terraza, tras la cual se sitúan la piscina y un jardín. Dando la vuelta, se puede subir el montículo de entrada, en la cima del cual, entre la planta baja y el primer piso, se encuentra la zona de trabajo. Aquí, la luz del sol penetra en la planta baja, proporcionando una hermosa vista del paisaje y de la casa.

Dando de nuevo la vuelta, y subiendo unos escalones, se llega a una pequeña habitación que da acceso a tres habitaciones individuales, un lavabo y una pequeña terraza al sur. Desde aquí, una escalera de acero conduce hasta la cubierta, desde donde se puede disfrutar de una magnífica vista de Lainzerbach.

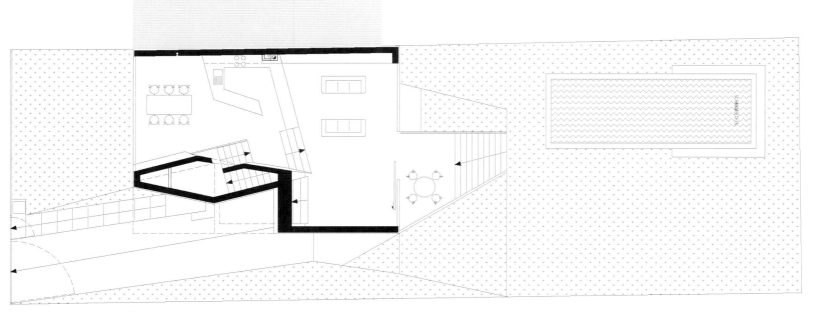

First floor plan / Primera planta

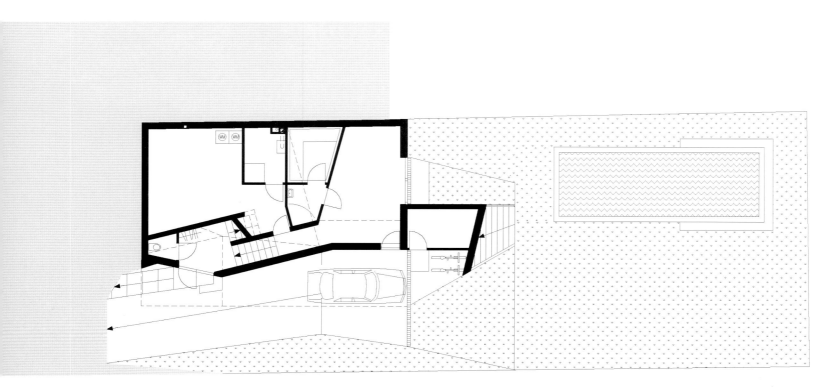

Basement plan / Planta baja

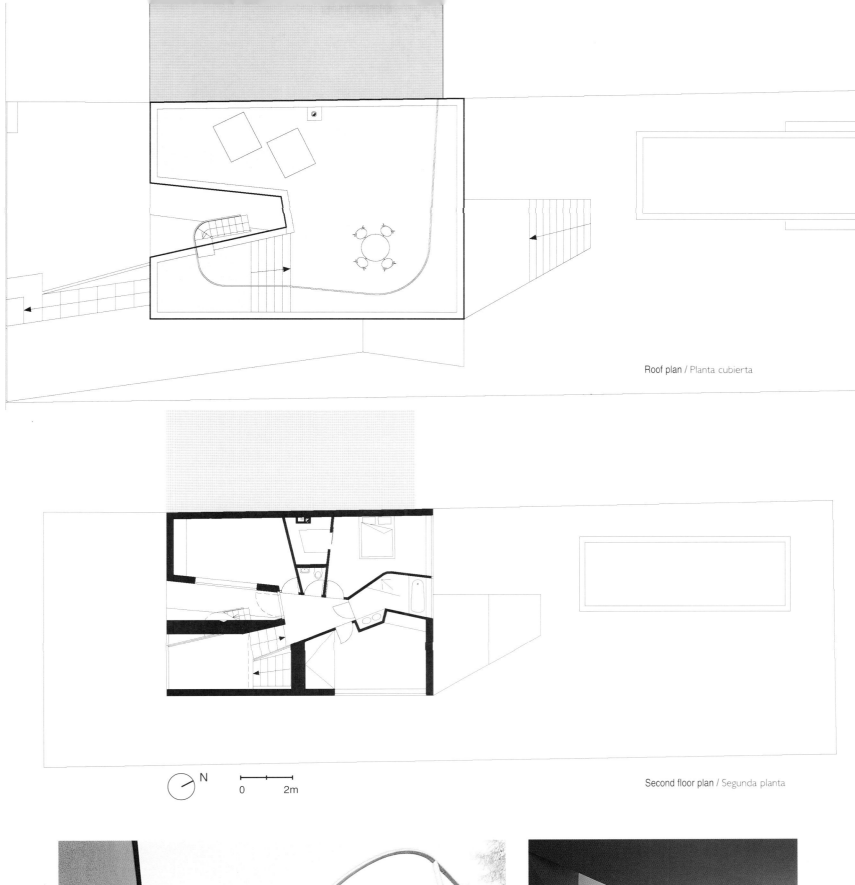

Roof plan / Planta cubierta

Second floor plan / Segunda planta

N

0   2m

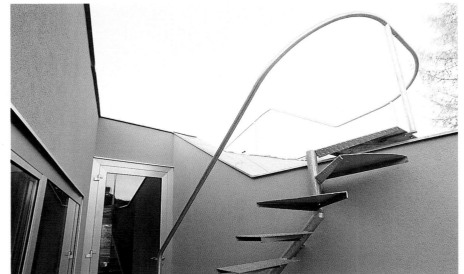

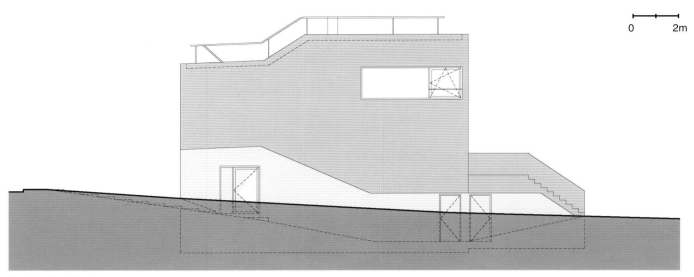

East elevation / Alzado este

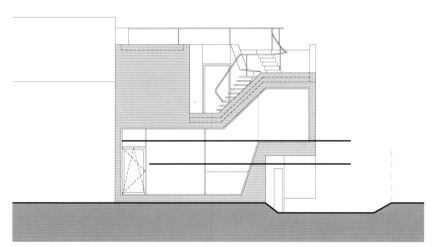

South elevation / Alzado sur

The northern and southern elevations are cut open completely, the southern glazed facade flooding the interior with light. Once inside, visitors find themselves in the inside of a cut-up hill, looking down on the one side to the basement, on the other side climbing up into the living area on the ground floor.

Las elevaciones, al norte y al sur, están completamente abiertas al exterior, y las fachadas de vidrio, al sur, inundan de luz el interior. Desde dentro, se tiene la impresión de estar en el interior de un montículo excavado, dando al sótano por un lado y subiendo por el otro hasta la sala de estar, en la planta baja.

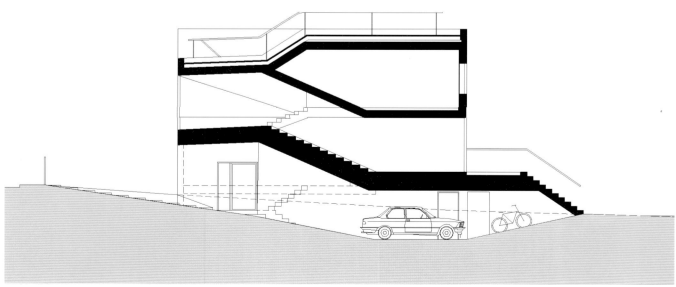

Longitudinal section / Sección longitudinal

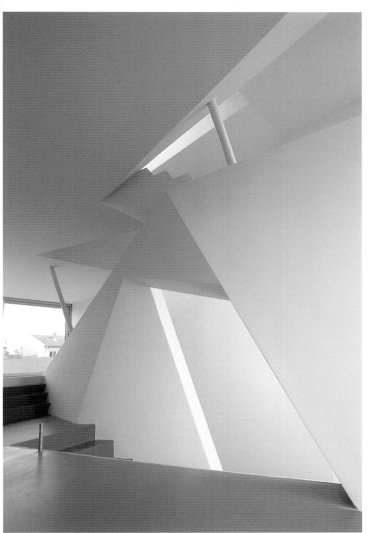

Mathias Klotz

Casa Grau

Santiago de Chile, Chile   Photographs: Estudio Mathias Klotz

Casa Grau is the result of the renovation of a house in a residential zone of the 1950s in Santiago.

The client originally wished to modify the access to the house and the stairs leading to the second floor.

Finally, 70% of the building was demolished, leaving the floor slab between the first and second floor and the structural walls. The scheme consisted of adding a third floor to house the main bedroom, leaving the second floor for the children and the first for the public space and the services. The original volume was clad in white stucco in contrast with the larger new volume.

For the new volume, a metal structure was used to create a vertical plane that crosses the whole house lengthwise, forming the access toward the street and the terrace roof giving onto the garden. This plane folds to form the ceiling, and the three remaining sides are glazed. This element forms the basis for the layout of the house.

On the outside the wall was clad in corrugated copper plate, and on the inside with *maniu* wood panels.

The copper was given a green patina to produce a contrast with the original volume, and to complement the crowns of the trees.

The corrugated plate attenuates the deformations due to expansion and helps to create a regular texture.

The garden was designed by Juan Grimm, who created a large hard court with vegetation (because of the small area), thus linking nature and artifice in a single environment.

La Casa Grau es el resultado de la renovación de una casa situada en un área residencial de Santiago construida en los años 50.

En principio, el cliente sólo quería modificar el acceso a la casa y las escaleras que llevan al segundo piso.

Al final, se derruyó el 70% del edificio, conservándose el suelo entre el primer y el segundo pisos y las paredes estructurales. El esquema de diseño consistía en añadir un tercer piso a la vivienda para alojar el dormitorio principal, dejando el segundo piso para los niños y el primero para los espacios comunes y de servicios. El volumen original se recubrió de estuco blanco, contrastando así con el nuevo volumen, de mayores dimensiones.

En el nuevo volumen, se dispuso una estructura metálica que constituye un plano vertical que cruza todo el edificio longitudinalmente, formando el acceso a la calle y orientando la azotea hacia el jardín. Este plano se dobla para dar lugar a la cubierta, y los tres lados restantes están vidriados. Este elemento constituye la base de la estructura del edificio.

La cara exterior del muro se recubrió con chapas de cobre onduladas, y la interior con paneles de madera de maniu.

Para ofrecer un contraste visual con el volumen original, generando a la vez un complemento a las copas de los árboles, se dio una pátina verde al cobre del muro.

Las planchas onduladas atenúan las deformaciones producidas por la dilatación y contribuyen a ofrecer una textura regular.

El jardín fue diseñado por Juan Grimm, que dispuso un amplio patio duro con vegetación (debido a su área reducida), uniendo naturaleza y artificio en un único entorno.

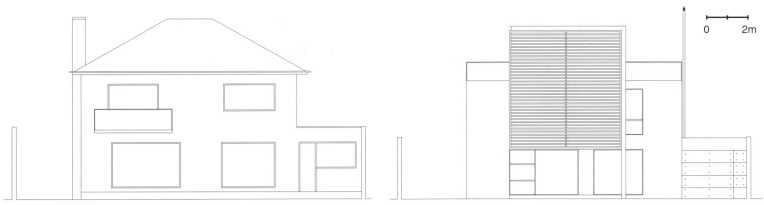

Original north elevation / Alzado norte original

North elevation / Alzado norte

0   2m

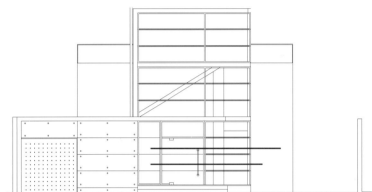

Original south elevation / Alzado sur original

South elevation / Alzado sur

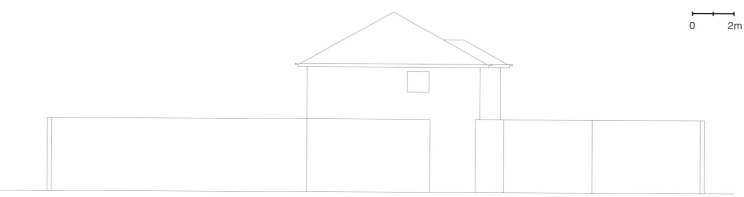

Original west elevation / Alzado oeste original

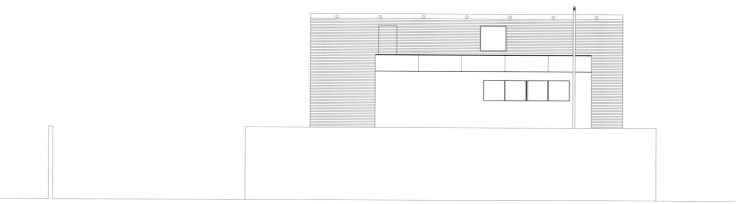

West elevation / Alzado oeste

A metal structure was used to create a vertical plane that crosses the house lengthwise, forming the access toward the street. This plane folds to form the ceiling, and the three remaining sides are glazed. The exterior wall is clad in copper, which was given a green patina.

Una estructura de metal cruza la casa a lo largo formando un plano vertical, creando el acceso a la calle. Este plano se dobla para formar el techo y los tres laterales restantes están acristalados. La valla exterior esta chapada en cobre al que se le dio una pátina verde.

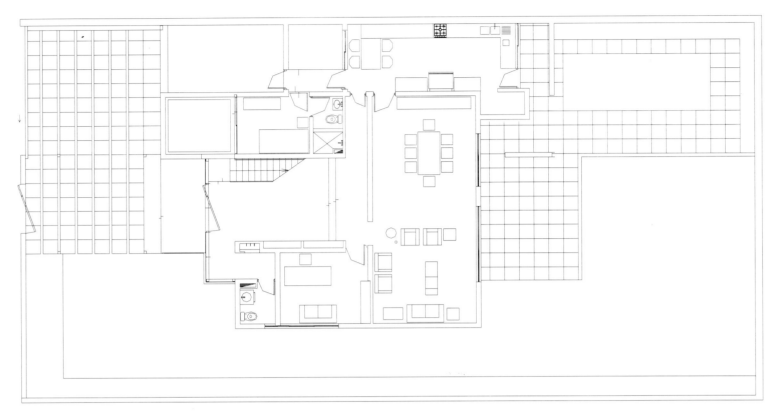

First floor plan / Primera planta

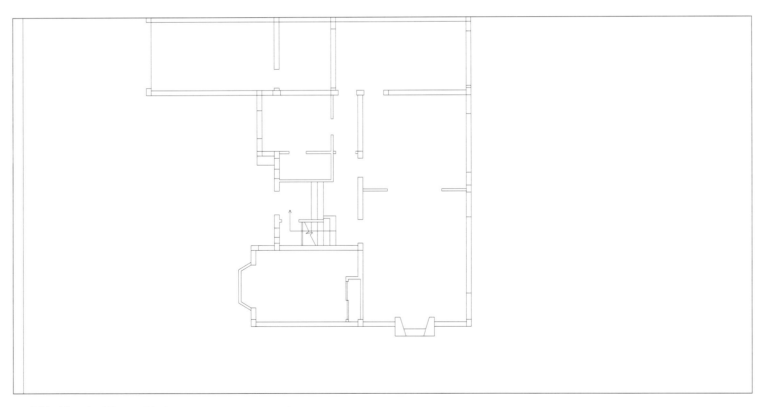

Original floor plan / Planta original

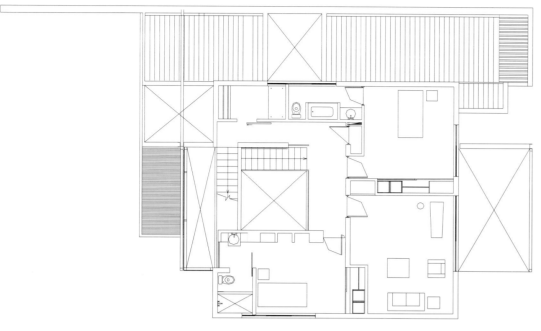

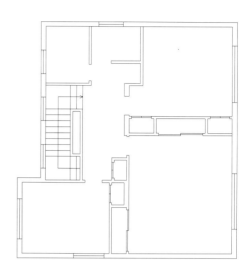

Second floor plan / Segunda planta

Original second floor plan / Segunda planta original

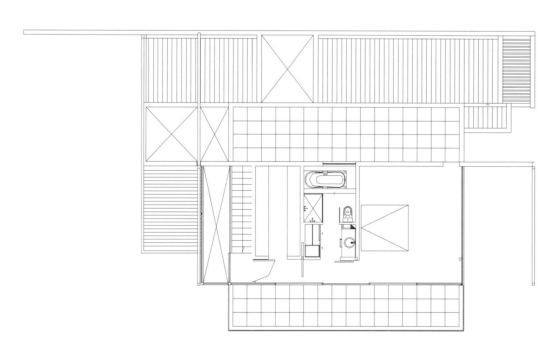

Third floor plan / Tercera planta

0   2m

While 70% of the previous construction was demolished, the structural walls and floor slab between the first and second floors were retained. The interior of the new plane which crosses the house is clad in *maniu* wood.

Si bien el 70% de la construcción original fue derruida, las paredes estructurales y los bloques entre el primer y segundo piso se conservaron. El interior del nuevo plano que cruza la casa está revestido de madera de *maniu*.

Georges Maurios Architecte D.U.H.

Montenegro House

Paris, France   Photographs: Gaston & Jean-Marie Monthiers

The architect, originally reticent to take on this project because of spatial and budgetary restrictions, was eventually seduced by the unique challenge that it offered. The 7x12-meter plot of land was hemmed in tightly between two party walls and, at the back, there was a 4.5-meter-high, south-facing separating wall which had to be retained. Furthermore, the derelict framework of an abandoned construction was still on the site.

In spite of the setbacks, a spacious four-story home was achieved. A maximum of volume and floor area was capitalized on by the use of very economical and technically improved materials such as steel, wood and sandwich panels. Many of the elements were prefabricated off-site, transported in and simply pieced together. The structure was fairly lightweight and therefore did not require a complex and expensive foundation.

The ground plan of the house consists of two distinct parts: on one side a 2-meter-wide strip accommodates the staircase, kitchen, laundry, and all of the bathrooms and toilets, while the other side (5 meters wide) consists of living areas, a lounge, bedrooms and a studio.

The living room, part of which is double height, is connected to the kitchen and the stairwell so that it forms the dwelling's spatial center and occupies the entire first floor. It is extended outside onto the wooden terrace overlooking one end of a narrow garden.

The entire structure is based on steel columns and beams. The skeleton is visible on the inside, where it complements the overall industrial feel of the house. The floors have been made from 140mm-thick galvanized steel panels, which are also in tune with the aesthetic quality of the whole building as well as enhancing the acoustic quality of the individual spaces. The walls and the roof are clad in insulated steel panels.

El arquitecto, al principio reticente a aceptar el proyecto por sus restricciones espaciales y de presupuesto, aceptó finalmente llevarlo a cabo seducido por el reto que planteaba. El solar de 7×12 m estaba encajonado entre dos paredes medianeras, y en la parte trasera había un muro de separación de 4,5 m, orientado al sur, que debía conservarse. Además, en el solar quedaba aún la vieja estructura de una construcción abandonada.

A pesar de las dificultades, se consiguió diseñar una espaciosa casa de cuatro plantas. Se optimizó el máximo de volumen y superficie de suelo utilizando materiales muy económicos y técnicamente avanzados, como el acero, la madera y los paneles sandwich. Muchos elementos fueron prefabricados, transportados y finalmente ensamblados. Se diseñó una estructura bastante ligera, por lo que no fueron necesarios unos cimientos complejos ni costosos.

La planta del edificio consiste en dos partes claramente diferenciadas: a un lado, un espacio vertical (de 2 mde ancho) aloja la escalera, la cocina, el lavadero y todos los baños y lavabos; el otro lado (de 5 m de ancho) se compone de salas de estar, un salón, los dormitorios y un estudio.

La sala de estar, parte de la cual es de doble altura, comunica con la cocina y la escalera, formando el espacio central de la vivienda y ocupando por completo la primera planta: se extiende al exterior mediante una terraza de suelo de madera que da al extremo de un estrecho jardín.

La estructura está enteramente constituida por columnas y vigas de acero. El esqueleto es visible desde el interior, completándose así el aire industrial que desprende la casa. Los suelos están formados por paneles de acero galvanizado de 140 mm de grosor, lo que también sintoniza con las características estéticas del edificio a la vez que mejora el acondicionamiento acústico de los espacios individuales. Las paredes y el techo están cubiertos por paneles de acero aislantes.

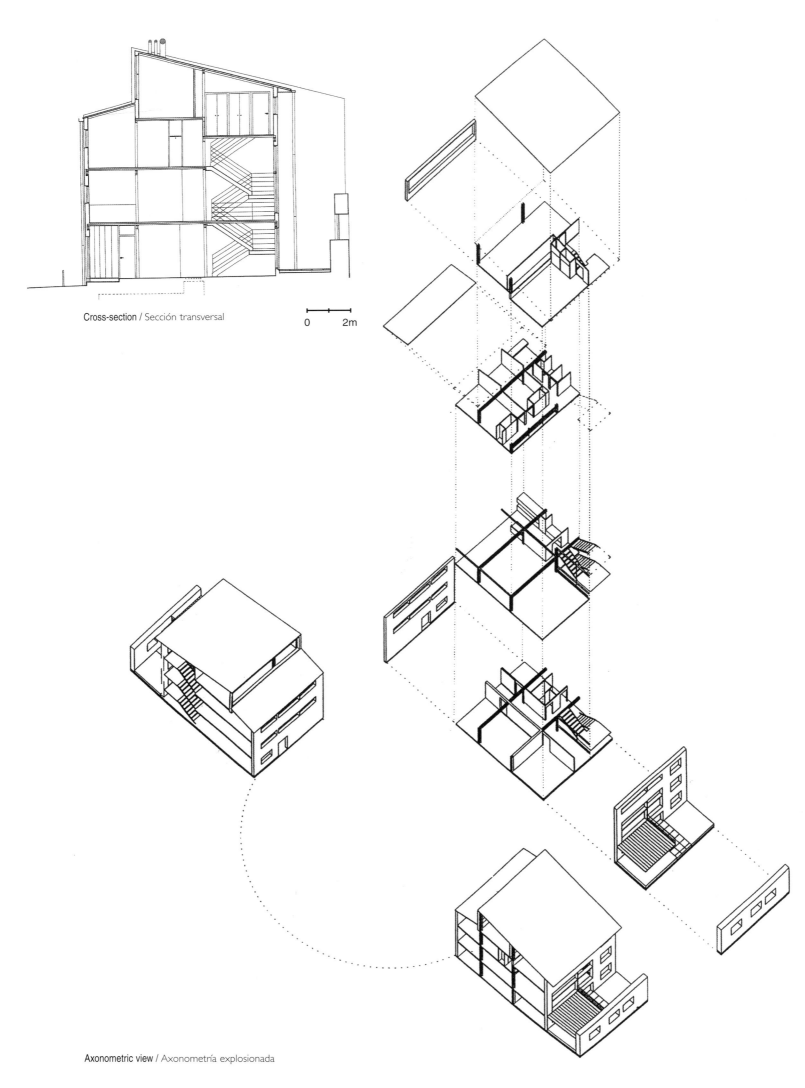

Cross-section / Sección transversal

0   2m

Axonometric view / Axonometría explosionada

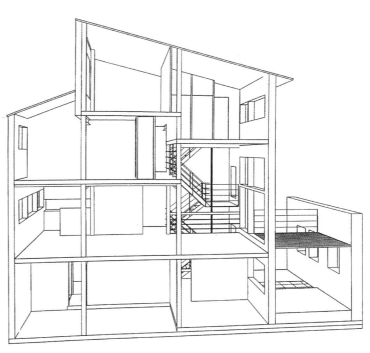

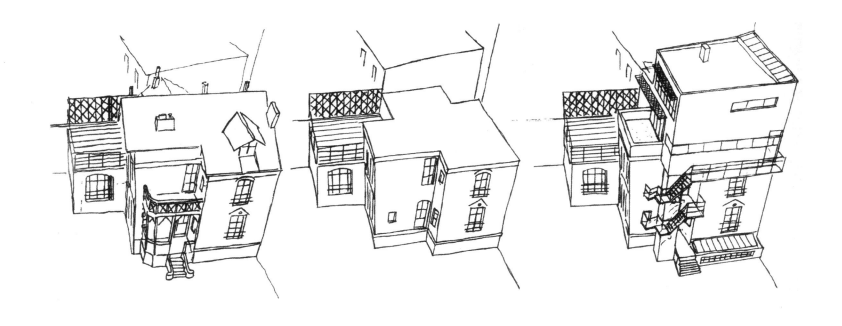

The interior presents a unified aesthetic scheme, including exposed steel beams, a seemingly "unfinished" and industrialized ceiling and an open-plan, galvanized steel staircase and railings. In the same vein, perfect finishes for floor and walls were avoided.

En el interior, se dejaron al descubierto elementos estructurales como vigas de acero, un techo aparentemente "inacabado" y de aspecto industrial y una escalera con pasamanos de acero galvanizado.
Con el mismo espíritu, se evitó la perfección de acabados en suelos y paredes.

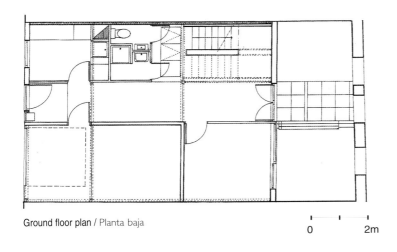

Ground floor plan / Planta baja

0   2m

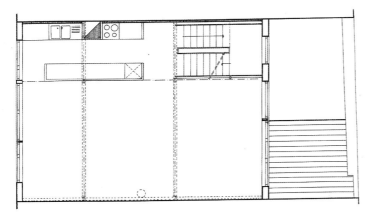

First floor plan / Primera planta

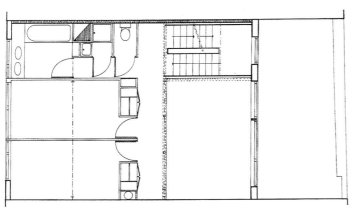

Second floor plan / Segunda planta

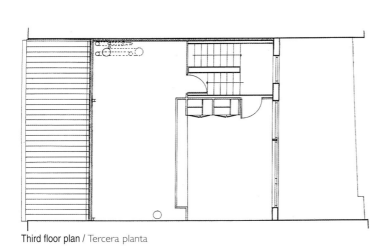

Third floor plan / Tercera planta

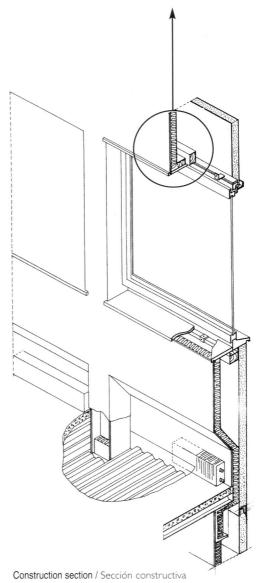

0   5cm

Facade detail / Detalle fachada

Construction section / Sección constructiva

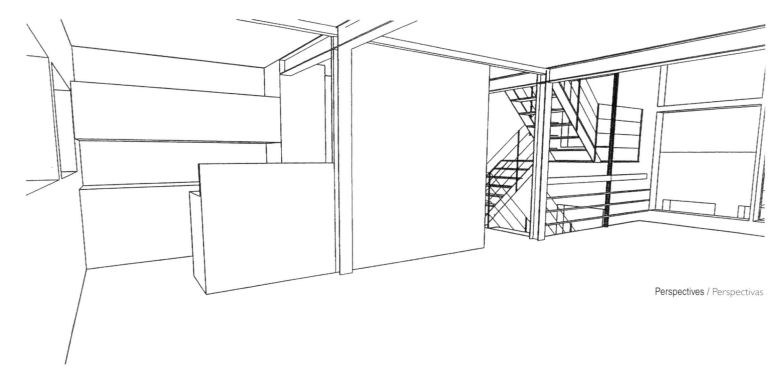

Perspectives / Perspectivas

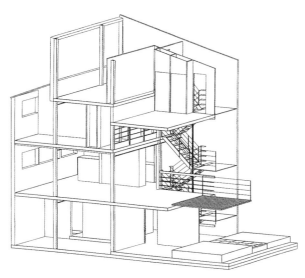

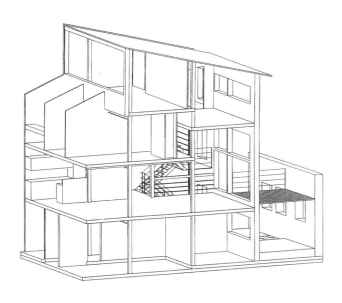

Koichiro Ishiguro
White Woods

Tokyo, Japan   Photographs: K. Takada

To satisfy the clients' (a working couple with a daughter) wish to be able to spend as much time as possible together as a family, and to allow for future function changes, an integrated space with sufficient volume was the objective. The basic space structuring method consisted of a shelter of thin, rigid-frame structure ensuring the volume of 900m³, the maximum according to this structure's regulations, into which a floor space of 200m² (a "stage") was inserted as a required function.

The site is located in the midst of a crowded residential area, flanked by buildings on all of its four sides. Sunlight and views of the sky are secured with an opening in the ceiling. In the center of the floor plan, a well-hole topped by a skylight amplifies the natural lighting, filling this volume of considerable depth. Stages were inserted at positions decided upon after examination of how these views and functions might relate to each other.

The composition of the house resulted in a loose division into two —bedroom and living/dining room— sections, bisected by the huge glass plate lining the well-hole.

The above-mentioned features call forth elements which involve "individual times", such as a piece of sky, family life, movements of sun and moon, and the growth of trees. A multi-layered series of platforms yields a viewpoint looking through these layers, where an act of crossing such a space involves integrating various experiences.

Compared to loft apartments in Manhattan, which are typical examples of living space with a clear homogeneity, this "multi-layered loft" is as simple and calm as a forest. And yet, it offers the possibility of creating a diverse, complex space.

El cliente, una pareja de profesionales con una hija, quería un espacio donde poder pasar en familia la mayor parte del tiempo posible, a la vez que permitiera futuros cambios de funciones. Por ello, el objetivo consistió en crear un espacio integrado de gran volumen. El sistema básico empleado para la estructuración del espacio consistió en una fina estructura de pórtico rígido con una capacidad de 900 m³, la máxima según las especificaciones de este tipo de estructura. En ella, se insertó un espacio de suelo de 200 m².

La localización del proyecto se sitúa en medio de un área residencial densa y está rodeada de edificios por sus cuatro lados. Mediante una abertura de la cubierta, se garantiza la entrada de luz natural y algunas vistas del cielo. En el centro del edificio, un patio interior cubierto por una claraboya aumenta la iluminación natural, llenando este volumen de profundidad considerable. Los niveles se insertaron tras examinar las relaciones que podían establecerse entre las vistas y funciones de las distintas posiciones. La distribución de la casa resultó en una división en dos secciones (dormitorios y sala de estar/comedor) con la inmensa placa de vidrio del patio interior como bisectriz.

Las características mencionadas se refieren a elementos que comportan "momentos individuales", como un trozo de cielo, la vida en familia, los movimientos del sol y la luna, o el crecimiento de los árboles. Una serie de plataformas a distintos niveles proporcionan puntos de observación a través de los mismos, percibiéndose que el acto de cruzar por un espacio así comporta la integración de varias experiencias.

Al contrario que en los lofts de Manhattan, ejemplos típicos de vivienda con una clara homogeneidad, este loft de varios niveles es tan simple y tranquilo como un bosque. Y aún así, ofrece la posibilidad de crear un espacio diverso y complejo.

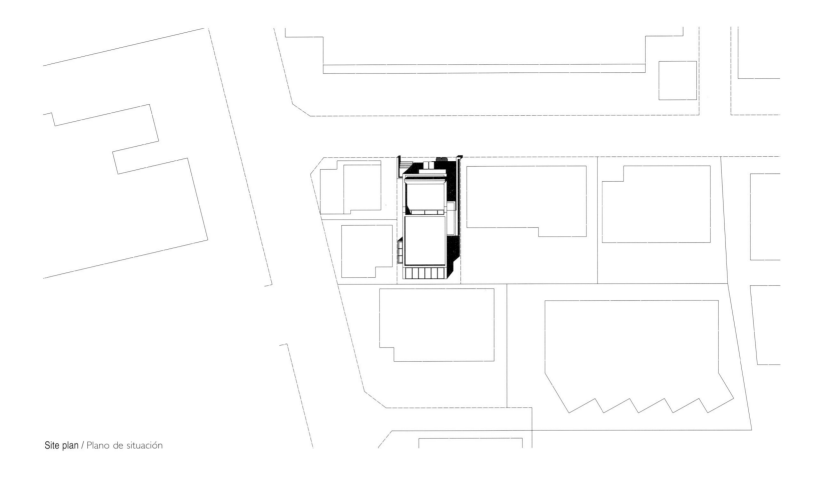

Site plan / Plano de situación

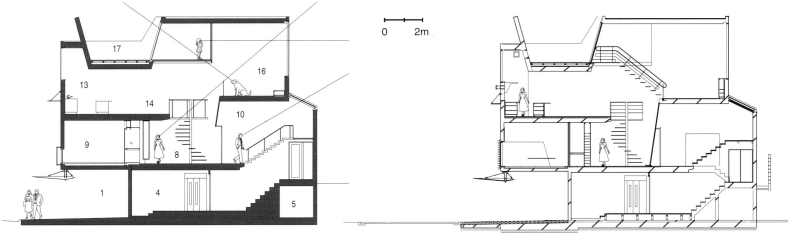

Section 2 / Sección 2

1. Car port / Garaje
2. Bicycle parking / Bicicletas
3. Entrance / Entrada
4. Play room / Sala de juegos
5. Storeroom / Almacén
6. Washroom / Aseo
7. Bathroom / Baño
8. Entrance hall / Vestíbulo
9. Tatami room / Habitación del tatami
10. Bedroom / Dormitorio
11. Closet / Vestidor
13. Kitchen / Cocina
14. Dining room / Comedor
15. Laundry / Lavadero
16. Living room / Sala de estar
17. Terrace / Terraza

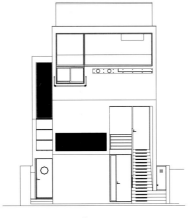

North elevation / Alzado norte

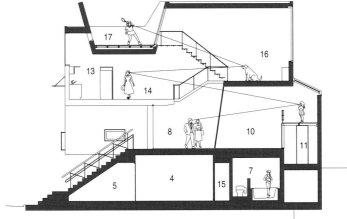

Section 1 / Sección 1

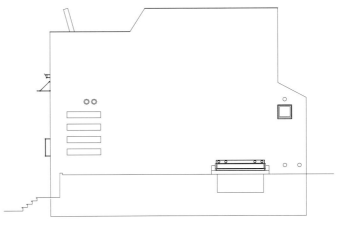

West elevation / Alzado oeste

117

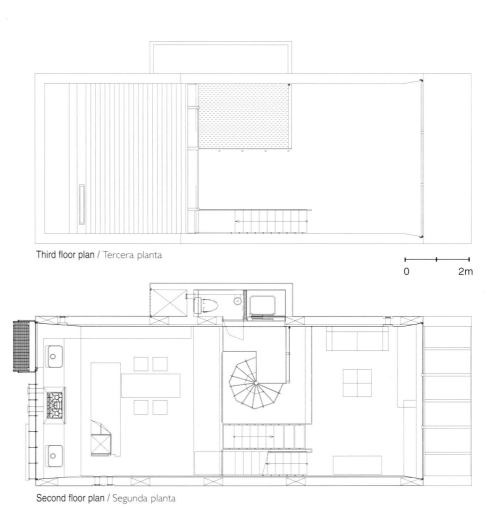

Third floor plan / Tercera planta

0   2m

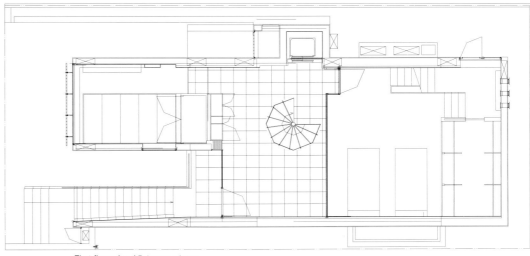

Second floor plan / Segunda planta

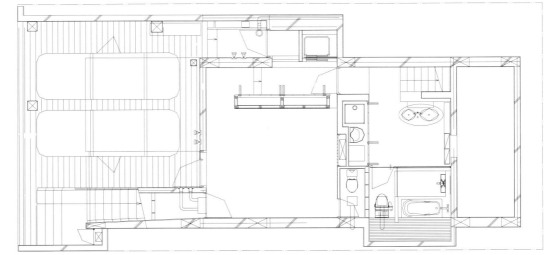

First floor plan / Primera planta

In the center of the floor plan, a well-hole topped by a skylight amplifies the natural light. The house is divided loosely into two sections —bedroom and living/dining room— bisected by the huge glass plate lining the well-hole.

En el centro de la planta, un hueco con una claraboya amplifica la luz natural. La distribución de la casa resulta en una división en dos secciones (dormitorios y sala de estar-comedor) con la inmensa placa de vidrio del patio interior como bisectriz.

Ground floor plan / Planta baja

Kuth/Ranieri

Iann/Stolz Residence

San Francisco, USA   Photographs: David Wakely / Cesar Rubio

The house is sited on a narrow alley that changes from street to garden at the building's front door. The project falls between the grid of the city and the organic nature of a garden landscape. Views from the house include the Golden Gate Bridge and the hills of Marin beyond. The plans at each floor are organized to remain as open as possible to these views, with the central living zones bracketed by support areas, such as stairs and bathrooms, to either side.

Like the plan, the facade responds to the context through the transformatin of common typological elements specific to the Bay Area (for example, bay window, front facing garage door and street-side roof deck). These elements are folded into a synthetic assembly of clear sealed mahogany panels and ledges. Again, returning to the siting of the project it was the goal of the architects to propose an architecture that fused the different orders of city, garden and building into a singular system.

Included in the project was a new laminated glass garden wall, strategically placed at the south side of the building where the main floor opens to an adjacent garden.

The challenge was two-fold: to provide privacy to the occupants and to reframe the landscape. Like the garden beyond, the wall is a volume filled with light and shade. In the daytime, the glass is illuminated by an internal lamping that infuses the entire wall, patio, and rooms of the house with an iridescent sheen.

La casa está situada en una callejuela estrecha que se convierte en jardín a partir de la puerta de entrada al edificio. El proyecto se enmarca entre la densidad urbana de la ciudad y la naturaleza orgánica de un paisaje ajardinado. Las vistas desde la casa abarcan el Puente Golden Gate y los montes Marin al fondo. Las plantas de todos los pisos se organizan de modo que permanezcan lo más abiertas posible a estas vistas, con las zonas de uso común en el centro, rodeadas a ambos lados por las zonas de servicios, como escaleras y baños. Como la planta, la fachada responde al contexto transformando los elementos tipológicos típicos de la zona de la bahía (por ejemplo, las tribunas, las puertas de garaje frontales y las azoteas orientadas a la calle).

Estos elementos se unifican con el uso de paneles y plataformas de madera clara de arce. Volviendo a la localización del proyecto, el objetivo de los arquitectos era proponer una arquitectura que fusionara los distintos órdenes constructivos de ciudad, jardín y edificio dentro de un sistema singular.

En el proyecto, se incluyó la construcción de un nuevo muro del jardín, de vidrio laminado, situado estratégicamente en la parte sur del edificio, donde el primer piso se abre a un jardín adyacente.

El desafío era doble: proporcionar intimidad a los ocupantes del edificio y remodelar el paisaje. Como el jardín que tiene detrás, el muro constituye un volumen lleno de luces y sombras. Durante el día, el vidrio se ilumina con un sistema interior de lámparas que inunda el muro, el patio y las habitaciones de la casa con un brillo iridiscente.

Site plan / Plano de situación

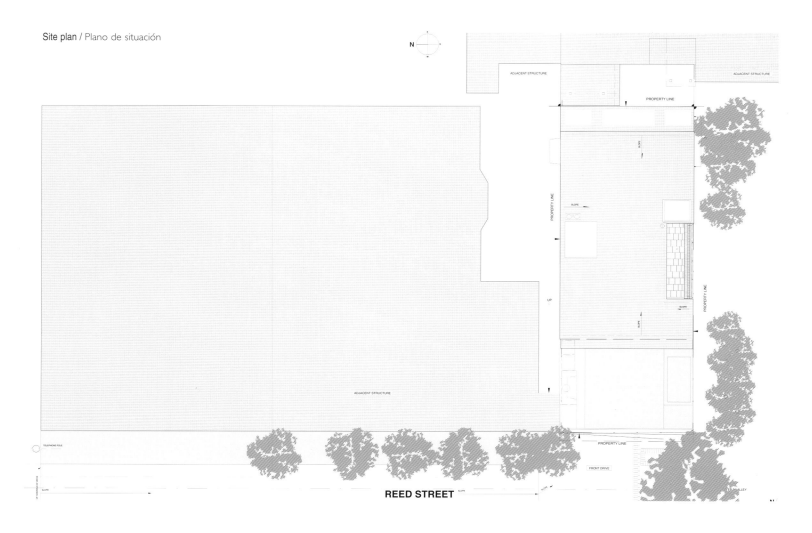

REED STREET

As earthquake protection, the newly renovated and re-engineered construction was reinforced with full retention foundation walls with grade beams supporting double rigid moment frames, transferring seismic stresses to the exterior structure.

Como medidas de protección contra terremotos, la construcción, renovada y rediseñada, se reforzó con muros de cimentación de retención con jácenas que soportan sistemas porticados dobles resistentes al momento flector, transmitiendo las tensiones sísmicas a la estructura exterior.

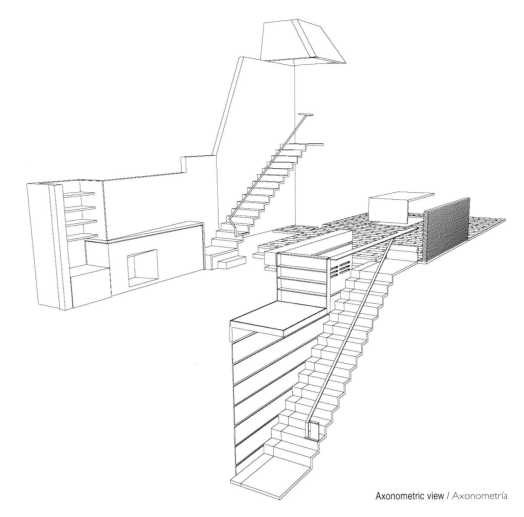

Axonometric view / Axonometría

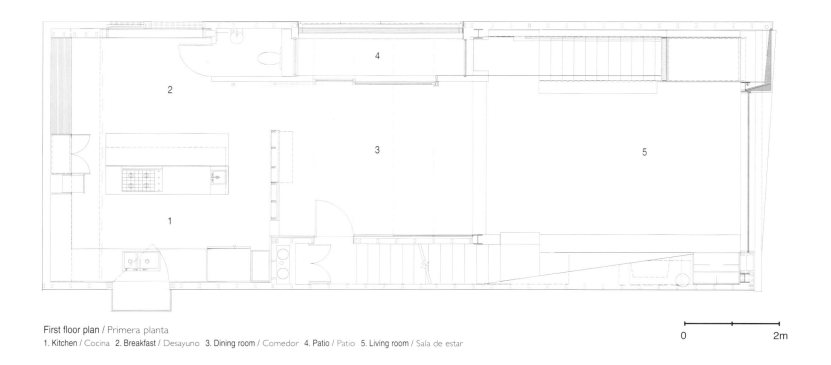

First floor plan / Primera planta

1. Kitchen / Cocina 2. Breakfast / Desayuno 3. Dining room / Comedor 4. Patio / Patio 5. Living room / Sala de estar

0   2m

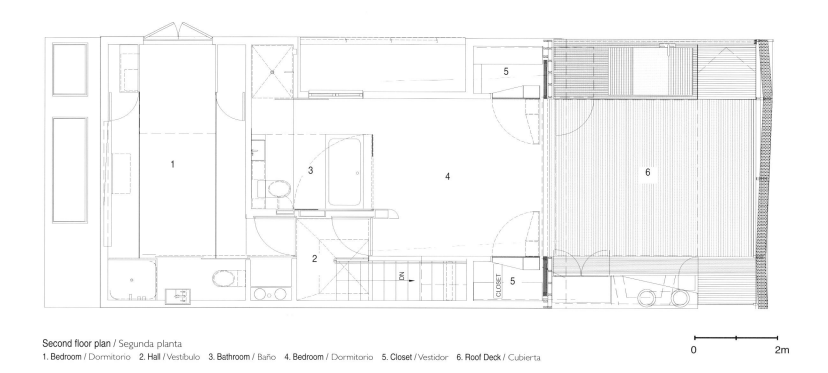

Second floor plan / Segunda planta

1. Bedroom / Dormitorio 2. Hall / Vestíbulo 3. Bathroom / Baño 4. Bedroom / Dormitorio 5. Closet / Vestidor 6. Roof Deck / Cubierta

0   2m

The existing structure was completely opened up to provide a continuous flow of space and light.

La estructura existente se abrió completamente para permitir el flujo constante de espacio y luz.

Guest and master bedroom suites are contiguous volumes that spill into the outdoor roof deck where a hot-tub and fireplace overlook the Golden Gate Bridge. The bathrooms have been placed to one side of the plan in order to create unobstructed central living spaces.

Los dormitorios principal y de invitados son volúmenes contiguos que se extienden hacia la azotea exterior, donde una bañera y un hogar para encender fuego acompañan las vistas del Puente Golden Gate. Los baños se situan a un lado de la planta para permitir la disposición de espacios comunes centrales.

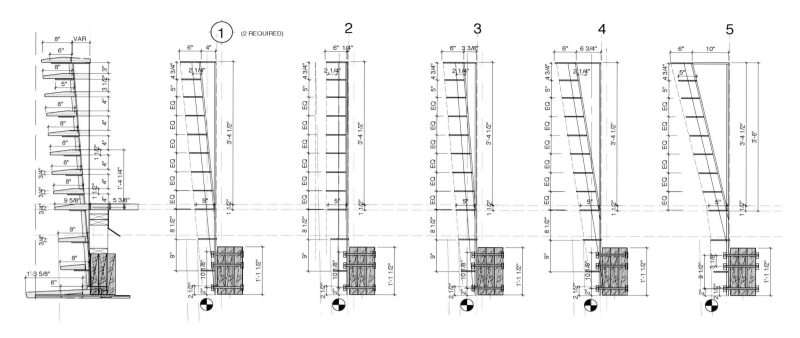

Railing detail / Detalle de lamas

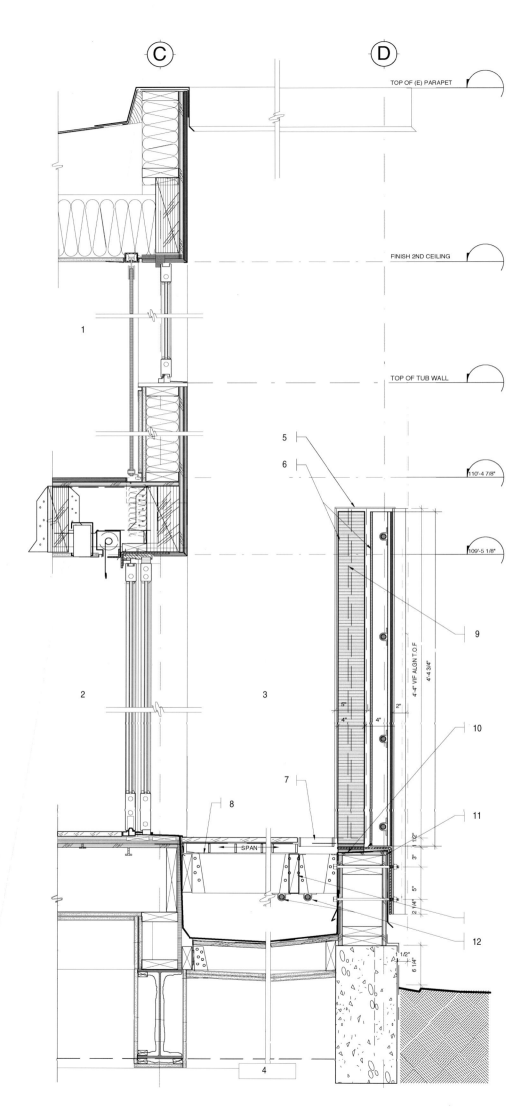

C

D

TOP OF (E) PARAPET

FINISH 2ND CEILING

TOP OF TUB WALL

110'-4 7/8"

109'-5 1/8"

1

2

3

4

5

6

7

8

9

10

11

12

SPAN

The windows devised for this project are a thoroughly modern approach to the bay window so typical of this area's architecture.

Los miradores que se han creado para este proyecto muestran un diseño moderno de este tipo de ventana, que es muy típica de la arquitectura de esta zona.

Constructive section / Sección constructiva

1. Master bath / Baño principal
2. Dining room / Comedor
3. Exterior patio / Patio exterior
4. Basement / Sótano
5. Steel cap / Casquete de acero
6. 1/4" flange / Ala de 1/4''
7. Aluminim grating access panel
   Enrejado de aluminio que configura el panel de acceso
8. Aluminim grating to hold stone patio
   Enrejado de aluminio para apoyar el patio de piedra
9. 1/4" stacked glass (4"x6'-0" laminated)
   vidrio laminado (4''x6'-0'') de 1/4''
10. Stainless steel shims
    Arandelas de ajuste de acero inoxidable
11. Water proofing membrane and metal flashing
    Membrana de impermeabilización y cubrejuntas metálico
12. 3/4" rope light fed through rigid plastic tube for support between joists
    Manguera luminosa de 3/4'' que pasa por un tubo rígido de plástico para hacer de apoyo entre las viguetas

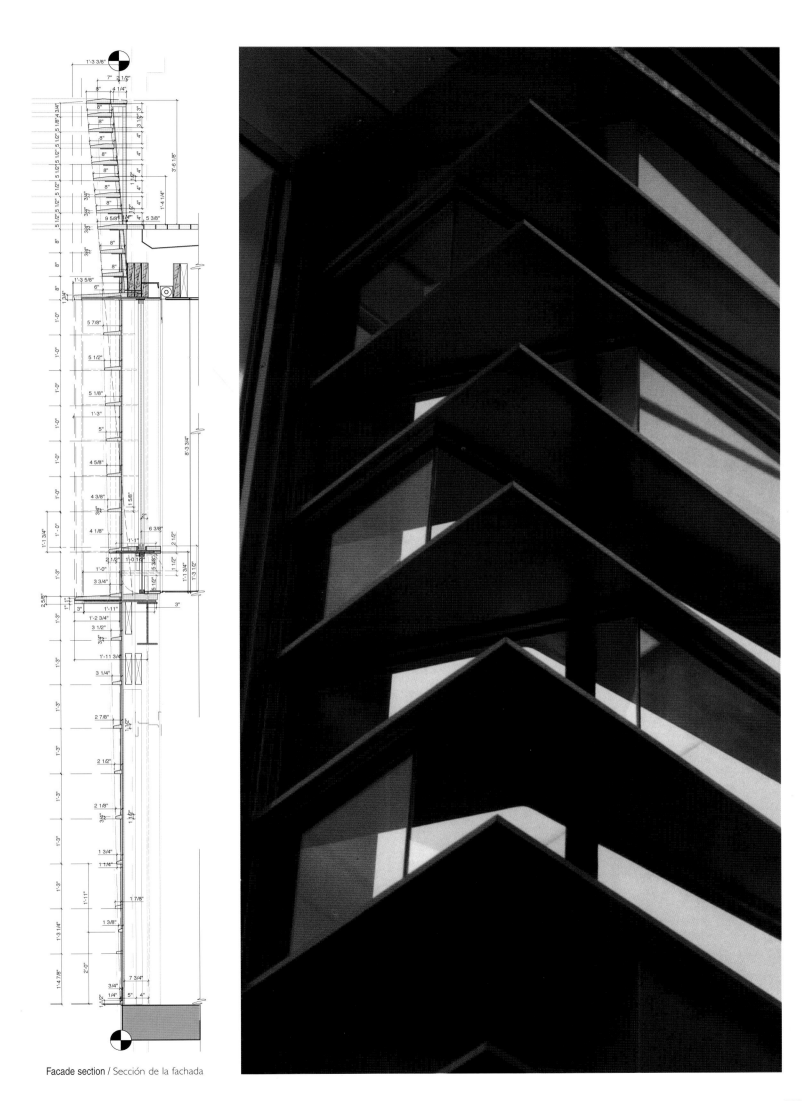

Facade section / Sección de la fachada

Jakob + MacFarlane

Maison T

La Garenne-Colombes, France   Photographs: Nicolas Borel

After an initial project in 1994, which involved the renovation of an existing house in the suburbs of Paris, a second project was undertaken in order to add a new floor onto the house, creating a 40m² loft space for the children. The architects —who are also the owners of the home— decided to emphasize the new loft by creating a visually distinct identity; and since the occupants of the added space were children, they created a whimsical and fun design scheme in which two separate yet interconnected "playhouses" were created, perched on the roof of the existing house.

The completed project is an enclosing envelope of zinc, broken up into several volumes with the lines of the roof pitched at seemingly random angles. The cold, industrial look of natural zinc is contrasted in the interior by the warmth of lightly varnished fir wood and white-painted planes.

The nooks and hideaways created by sloping angles and non-uniform lines achieves the goal of turning a single loft into two distinct spaces.

At the same time, the dictates imposed by a large number of views have been taken into account. The dovetailing of the volumes thus creates a series of openings with complex geometric forms, offering a variety of views toward the exterior — some skyward, others outward, toward the surrounding neighborhood.

Tras un primer proyecto de 1994, que consistió en la renovación de una casa en los suburbios de París, se llevó a cabo un segundo proyecto para añadir una nueva planta a la vivienda, creando un espacio tipo loft de 40 m² para los niños de la casa.

Los arquitectos, que son también los propietarios de la casa, decidieron dar relieve a este nuevo espacio confiriéndole una identidad claramente diferenciada; y, como los ocupantes del nuevo espacio iban a ser niños, realizaron un diseño divertido y caprichoso con dos "casas de juguete" separadas, aunque interconectadas, descansando sobre la cubierta de la casa existente.

El resultado del proyecto es un espacio cerrado de zinc, compuesto por varios volúmenes con cubiertas inclinadas de forma aparentemente aleatoria. El aspecto frío e industrial del zinc natural contrasta, en el interior, con la calidez de la madera de abeto barnizada y las paredes pintadas de blanco.

Los rincones y escondrijos que crean los ángulos inclinados y las líneas no-uniformes consiguen transformar un único loft en dos espacios diferenciados.

Al mismo tiempo, se han tenido en cuenta las numerosas vistas disponibles desde el edificio. El encaje de los distintos volúmenes da lugar a una serie de aberturas de forma geométrica compleja que ofrecen una variedad de vistas al exterior —algunas hacia el cielo, otras hacia las casas vecinas.

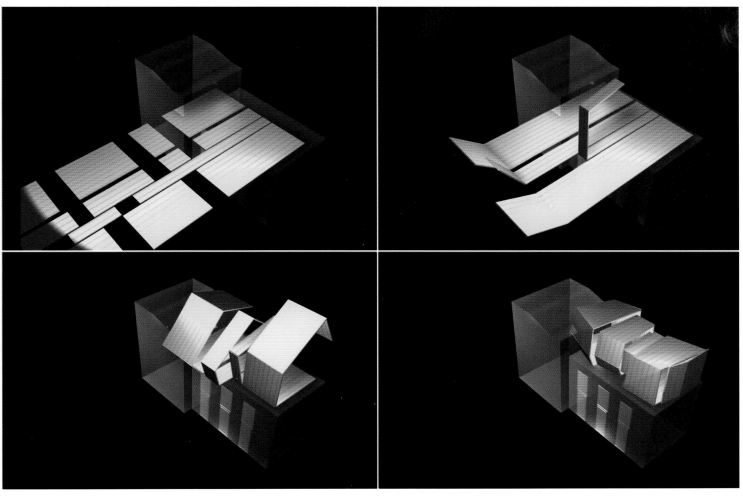

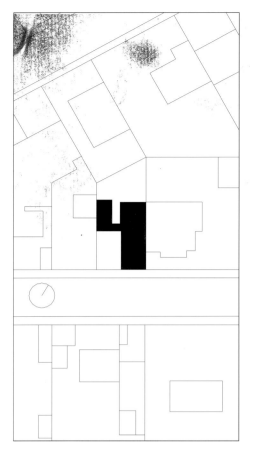

Site plan / Plano de situación

0   10

The outer shell of the new loft is done entirely in natural zinc, an industrial material contrasted in the interior by the warmth of fir wood and smooth, white walls.

La envoltura externa del nuevo loft está enteramente constituida por zinc, un material industrial que contrasta con la calidez de la madera de abeto y las paredes suaves y blancas del interior.

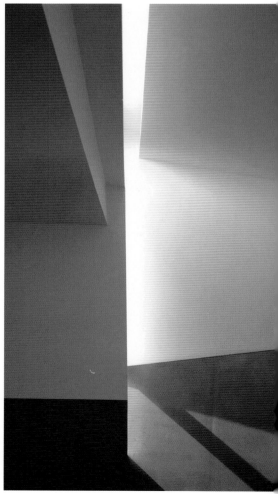

The dovetailing of the volumes creates a series of openings with complex geometric forms, offering a variety of views toward the exterior — some skyward, others outward, toward the street.

El encaje de los volúmenes da lugar a una serie de aberturas de formas geométricas complejas que ofrecen una variedad de vistas al exterior —algunas hacia el cielo, otras hacia la calle.

0   1m

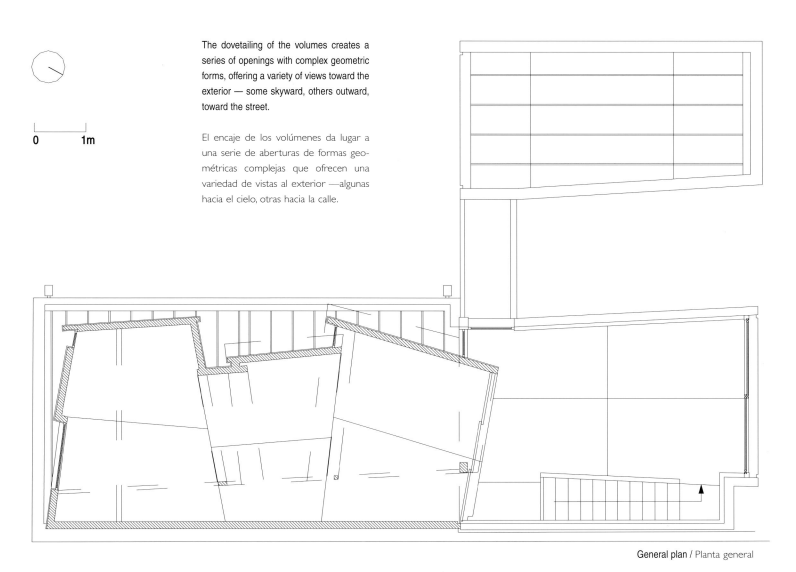

General plan / Planta general

Cross section / Sección transversal

Kunihide Oshinomi & Takeshi Semba

Timber Frame House with a Curtain Wall

Shinagawa-ku, Tokyo. Japan   Photographs: Nacàsa & Partners inc

The ideas governing the structural design of this four-story house derive from having seen the tragic spectacle of the destruction of timber houses in the Kobe earthquake and as a result of a close collaboration between the architects and a structural engineer specializing in high-rise buildings.

The site for this project was of an irregular, truncated triangle shape. A retaining wall was on the side by the boundary wall and timber was on the other side.

The bearing strength of the ground was not sufficient for concrete construction and, because of fire safety regulations, a steel frame construction would have required fire-proof cladding. Yet, if timber-panel construction had been chosen, it would have been difficult to make large openings.

Amid such constraints, the framework that was decided upon was a semi-rigid structure of reinforced concrete, glue-laminated timber frame with metal fittings, and a wooden bearing wall.

In order to keep the north and east sides open to the site's more attractive views, the bearing walls are placed on the south and west faces. The north face, now free of cumbersome structural elements, is a curtain wall with double glazing of clear float glass.

Also, by pre-cutting the glue-laminated wood and providing metal joint fittings, a very precise and unrestricted structure was created, while also cutting down on construction time.

In the interior, Japanese beech flooring with a urethane-coat finish creates a cozy atmosphere.

Las ideas que vertebran el diseño estructural de esta casa de cuatro plantas nacen de la trágica visión de la destrucción de casas de madera en el terremoto de Kobe, y surgen de la estrecha colaboración entre los arquitectos y un ingeniero de estructuras especializado en edificios de alto riesgo.

La localización del proyecto tenía forma de triángulo irregular truncado. En el lado donde se encontraba la medianera había un muro de retención, y en el otro lado estaba el muro de madera.

La capacidad portante del suelo no era suficiente para soportar una construcción de hormigón, y, debido a la normativa de seguridad antiincendios, una estructura de acero hubiera requerido un revestimiento incombustible. Sin embargo, si se hubiera escogido emplear paneles de madera, hubiera resultado muy difícil disponer grandes aberturas.

Teniendo en cuenta estas limitaciones, se decidió construir una estructura semirígida de hormigón reforzado, madera laminada con accesorios metálicos y una pared portante de madera.

Para dejar las caras norte y este abiertas a las mejores vistas que ofrece la localización, las paredes portantes se disponen en las caras sur y oeste. La pared de la cara norte, libre de elementos estructurales, constituye una cortina de doble vidrio construida con luna flotada.

Empleando, durante la construcción, madera laminada precortada y juntas metálicas, se obtuvo una estructura muy precisa y se redujo el tiempo de construcción.

En el interior, los suelos de haya japonesa con acabado en capa de poliuretano crean una atmósfera acogedora.

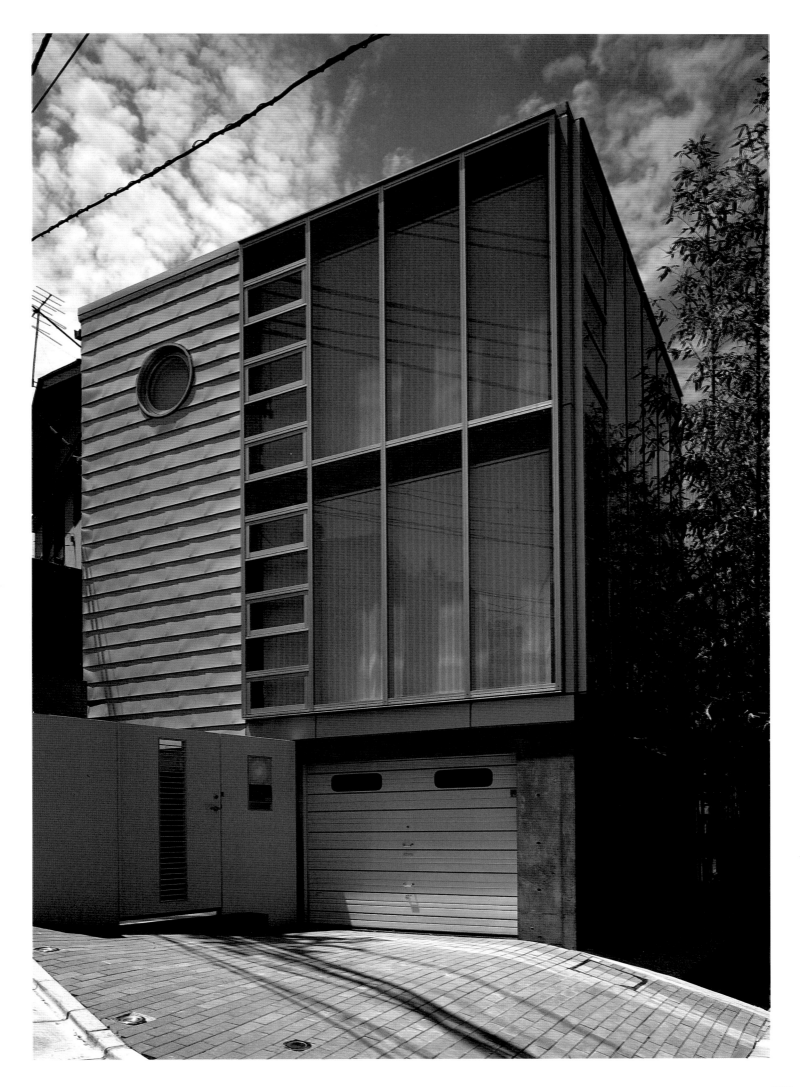

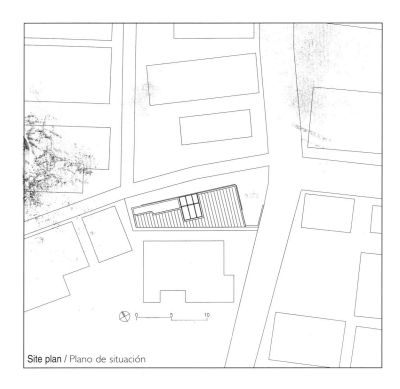

Site plan / Plano de situación

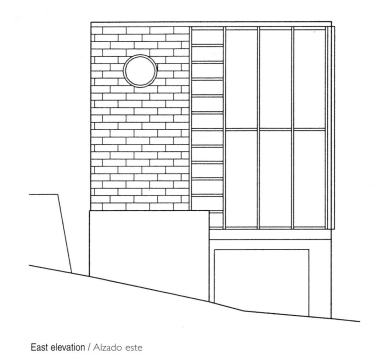

East elevation / Alzado este

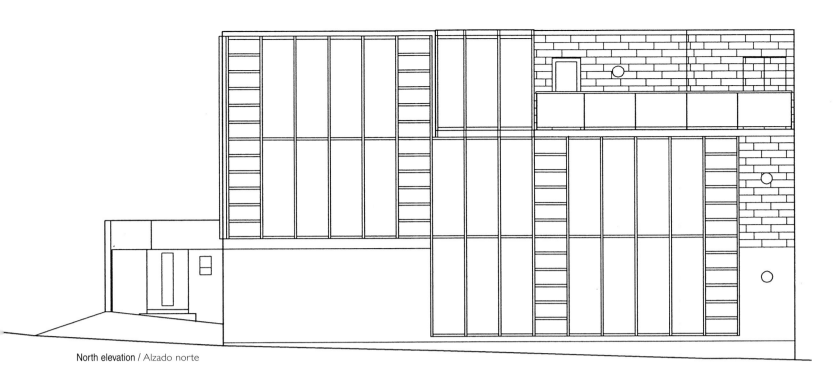

North elevation / Alzado norte

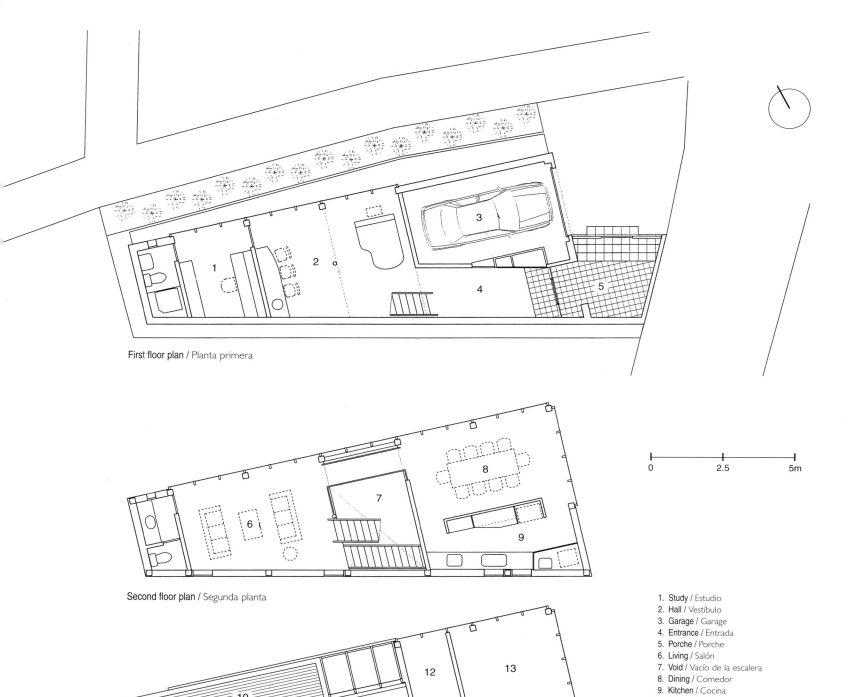

First floor plan / Planta primera

Second floor plan / Segunda planta

Third floor plan / Tercera segunda

1. Study / Estudio
2. Hall / Vestíbulo
3. Garage / Garage
4. Entrance / Entrada
5. Porche / Porche
6. Living / Salón
7. Void / Vacío de la escalera
8. Dining / Comedor
9. Kitchen / Cocina
10. Terrace / Terraza
11. Bath / Baño
12. Closet / Vestidor
13. Main bedroom / Dormitorio principal
14. Bedroom / Dormitorio

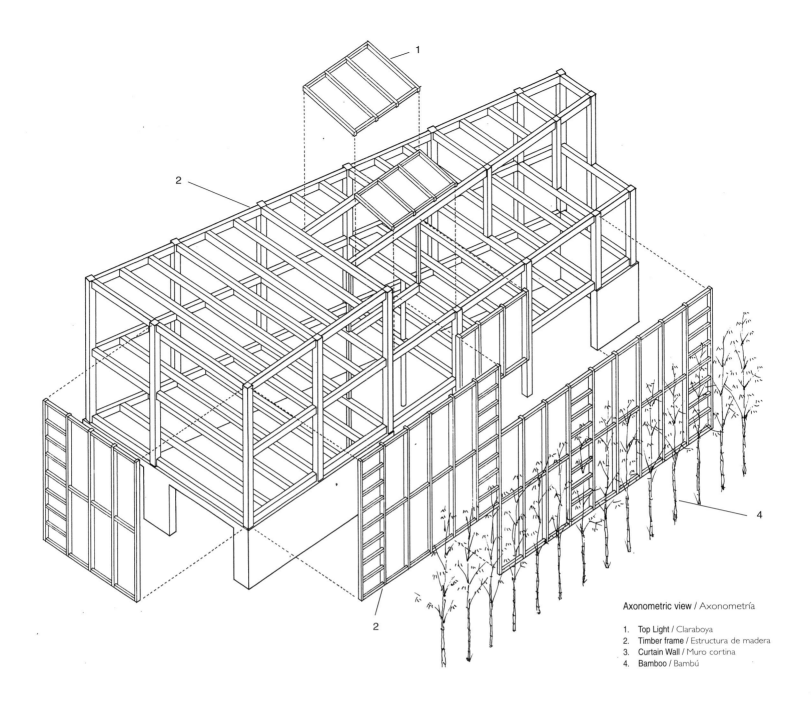

Axonometric view / Axonometría

1. Top Light / Claraboya
2. Timber frame / Estructura de madera
3. Curtain Wall / Muro cortina
4. Bamboo / Bambú

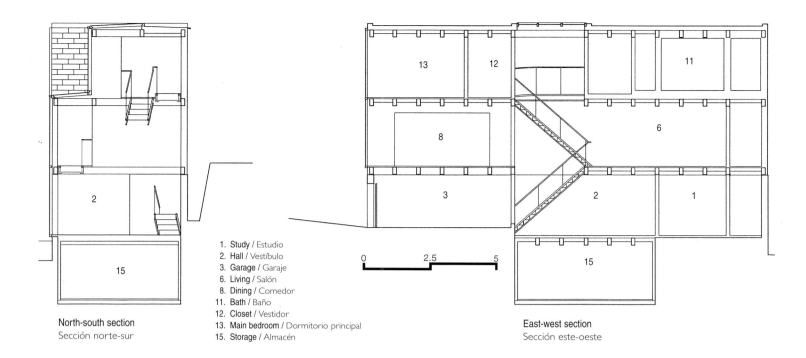

1. Study / Estudio
2. Hall / Vestíbulo
3. Garage / Garaje
6. Living / Salón
8. Dining / Comedor
11. Bath / Baño
12. Closet / Vestidor
13. Main bedroom / Dormitorio principal
15. Storage / Almacén

North-south section
Sección norte-sur

East-west section
Sección este-oeste

0   2.5   5

The north face enjoys floor-to-ceiling double glazing, made possible by having placed the bearing walls on the south and east sides. Japanese beech wood flooring provides a warm contrast to aluminum and painted steel rails and stairs.

La cara norte disfruta del doble vidrio a toda altura gracias a que las paredes portantes se han dispuesto en las caras sur y este. Los suelos de madera de haya japonesa ofrecen un cálido contraste a las escaleras y barandillas de aluminio y acero coloreado.

Sarah Featherstone (Featherstone Associates)

Voss Street House

London, UK   Photographs: Tim Brotherton

A mixed use development on a site comprising a shop facing onto Bethnal Green Road, a self-contained studio and a two-bedroom house above. The architect (also the home's owner) had to address two primary concerns in the design: the need for privacy from the busy commercial street and overcoming the serious spatial limitations presented by a plot which was only 4m wide. The site's spatial restrictions were resolved by the creation of high-ceilinged, diaphanous spaces, entirely free of connecting corridors. Instead, a lozenge-shaped spiral staircase was built —most of its volume jutting out into the central courtyard— providing access to each individual level.

Privacy, as well as abundant natural light, have been achieved by arranging the rooms around the central courtyard, with all windows facing inward. There are no windows in the south-facing elevation; while the only window on the north facade has been fitted with etched glass in order to filter light in while blocking views of the street outside.

The house is a retreat which turns its back on the street, while also providing a generosity of light, space and materiality within the constraints of an awkward site.

www.featherstone-associates.co.uk

El proyecto consistía en desarrollar un programa de múltiples usos, incluyendo una tienda que da a la calle Bethnal Green, un estudio independiente y, encima, una casa con dos dormitorios. El arquitecto y propietario de la casa tuvo que tener en cuenta dos aspectos básicos a la hora de realizar el diseño: la necesidad de aislar la vivienda de la calle, de intensa actividad comercial, y superar las severas limitaciones de espacio del solar, de sólo 4 m de ancho.

Las restricciones espaciales fueron resueltas mediante la disposición de espacios diáfanos, con techos altos y sin pasillos. Para conectar los distintos niveles, se construyó una escalera espiral de forma rómbica, cuya mayor parte del volumen sobresale hacia el patio interior.

Para obtener la privacidad necesaria y una abundante luz natural, se dispusieron las habitaciones alrededor del patio central, con todas las ventanas interiores. En la pared sur no hay ninguna ventana, la única que se dispuso en la fachada norte es de vidrio al ácido para que pueda penetrar la luz sin que pueda verse el interior desde la calle.

La casa se ha convertido así en un refugio, dando la espalda a la calle y proporcionando, al mismo tiempo, una gran cantidad de luz y espacio, superando las limitaciones de su peculiar localización.

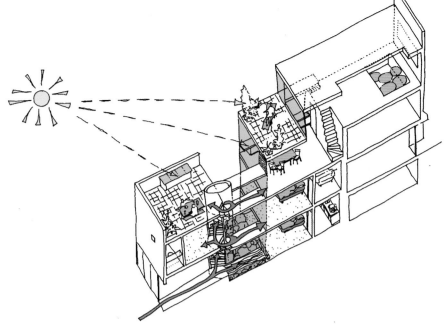

To ensure privacy and bring more light into the building, the rooms are arranged around a central courtyard, stacked one above the other at staggered half levels, all looking inwards.

Para asegurar la privacidad del interior y proporcionar más luz al edificio, las habitaciones se disponen alrededor del patio central, escalonadas en seminiveles y orientadas hacia el interior.

Longitudinal section / Sección longitudinal

Because of the small scale, there was no room for corridors; hence, the creation of a spiral stairwell, as seen in the axonometric projection below. This entirely enclosed structure juts out into the courtyard and provides access to each separate level.

Por su pequeño tamaño, la casa no permitía la existencia de pasillos; por ello se diseñó la escalera en espiral, como se puede apreciar en la axonometría de abajo. Es una estructura totalmente cerrada que sobresale hacia el patio interior y da acceso a los diferentes niveles.

1. Rooflight / Claraboya
2. Roof terrace / Terraza
3. Bridge / Puente
4. Double-height void / Hueco de doble altura
5. Living room / Sala de estar
6. Conversation pit / Zona social
7. Landing / Descansillo
8. Kitchen-dining / Cocina-comedor
9. WC / WC
10. Retail unit / Tienda
11. Bathroom / Baño
12. Bedroom / Habitación
13. Balcony / Balcón
14. Dressing room / Vestidor
15. Garage-store / Garaje-almacén
16. Entrance hall / Vestíbulo de entrada
17. Courtyard / Patio
18. Studio / Estudio
19. Utility room / Cuarto auxiliar

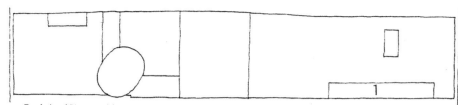

Roof plan / Planta cubierta

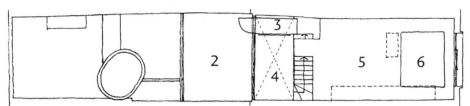

Second-third floor plan
Plantas segunda-tercera

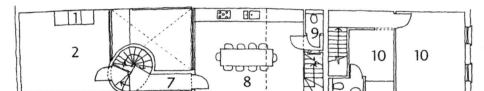

First-second floor plan
Plantas primera-segunda

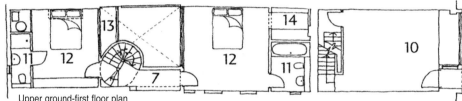

Upper ground-first floor plan
Planta baja-primera

Lower ground plan / Planta baja

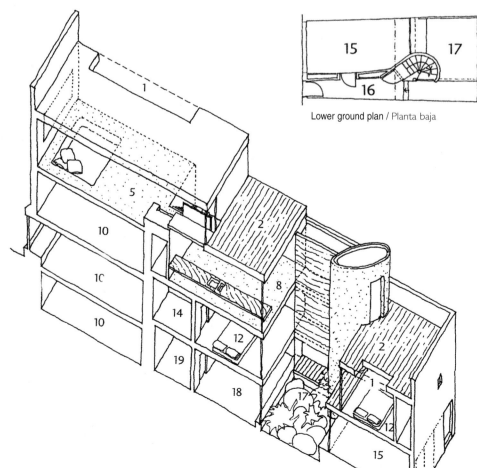

Axonometric view / Axonometría

Araceli Manzano & Esther Flavià

Casa en Argentona

Argentona, Spain   Photographs: Eugeni Pons

This dwelling, located on a particularly long rectangular plot (5x22 m), maintains the structure of the houses that are typical in the area: ground floor with direct access from the street, first floor and a small court at the rear. The intervention aimed to respect the existing structure as far as possible, but due to its extremely deteriorated state it was only possible to conserve the stone party walls, the front facade and the wooden structure, which was cleaned, treated and partially replaced.

The gable roof made of tiles, roofing bricks and a wooden beam structure had been concealed behind a vaulted drop ceiling, which had to be demolished. The wooden structure of the roof was repaired and the tiles were replaced, over a layer of insulation. Removing the drop ceiling increased the height of the first floor, making it possible to build a mezzanine.

The original front facade was conserved, although the woodwork had to be replaced, and wooden shutters were added in line with the vernacular.

The rear facade was modified to increase the size of the openings and obtain better lighting. A sizeable landscaped courtyard was created by the demolition of the small buildings adjacent to the house.

On the ground floor the kitchen was located on the facade, so it became a particularly attractive element due to its situation on the street and the amount of daylight that it receives. The rest of the floor is a large living/dining room that opens onto the court through a large wooden window.

A system of sliding doors was used between the living room, the kitchen and the access, thus creating an extremely fluid relation between the rooms.

On the first floor, two double rooms with dressing room and bathroom, situated symmetrically in relation to the floor plan, use the front and rear facades to ventilate directly to the street.

The totally open floor plan of the mezzanine was created for use as an office or gym, but could easily be converted into two independent rooms.

The location of the rooms on the facade leaves free the central space, where double-height spaces not coinciding in the whole height are used to develop the stairs. The treatment of the double spaces tempers the view of the real height of the house from all the floors.

Esta vivienda, situada en una parcela rectangular especialmente alargada (5x22 m), mantiene la estructura de las casas típicas de la zona: planta baja con acceso directo desde la calle, planta piso y un pequeño patio en la parte trasera.

La intervención pretendía respetar en lo posible la estructura existente, pero debido a su estado sumamente deteriorado, solo permitió conservar los muros medianeros de piedra, la fachada delantera y la estructura de madera, que se limpió, trató y substituyó parcialmente.

La cubierta a dos aguas de tejas, tablero cerámico y estructura de vigas de madera, quedaba oculta tras un falso techo abovedado, el cual tuvo que ser derribado. La estructura de madera de la cubierta se reparó y se substituyeron las tejas previa colocación de un panel aislante. Anular el falso techo aumentó la altura de la planta piso, lo que permitió construir un altillo.

La fachada delantera original se conservó, substituyendo únicamente las carpinterías y añadiendo unos porticones de madera en consonancia con la tipología del entorno.

La fachada trasera se modificó para aumentar las dimensiones de los huecos y conseguir una mejor iluminación. Un patio ajardinado de dimensiones considerables se creó gracias a la demolición de las pequeñas construcciones adyacentes a la casa.

En la planta baja se ubicó la cocina en fachada, convirtiéndose en una pieza especialmente atractiva por su situación frente a la calle y la cantidad de luz natural que recibe. El resto de la planta es un salón comedor de grandes dimensiones abierto al patio por un gran ventanal de madera. Se utilizó un sistema de puertas correderas entre el salón, la cocina y el acceso, consiguiendo así una relación extremadamente fluida entre las piezas.

En la planta piso, dos habitaciones dobles con vestidor y baño, situadas de forma simétrica respecto a la planta, aprovechan las dos fachadas tanto delantera como trasera para ventilar directamente a la calle.

la planta del altillo totalmente libre se pensó utilizar como despacho y gimnasio, pudiéndose fácilmente convertir en habitaciones independientes.

La situación de las habitaciones en fachada deja libre el espacio central de la planta permitiendo la apertura de dobles espacios no coincidentes en toda la altura, por los que se desarrollan las escaleras. El tratamiento de los dobles espacios permite un visión matizada de la altura real de la casa desde todas las plantas.

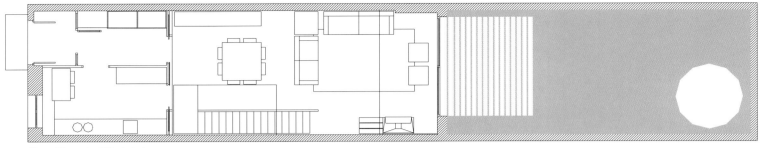

Ground floor plan / Planta baja

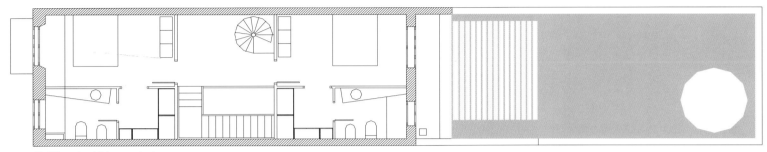

First floor plan / Primera planta

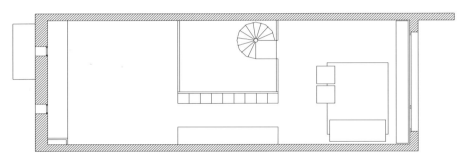

Roof floor plan / Altillo

Section AA / Sección AA

Section BB / Sección BB

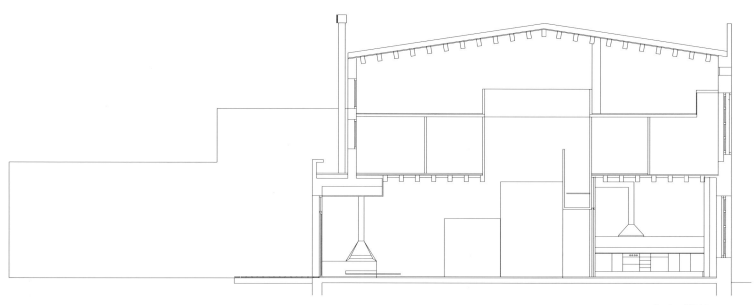

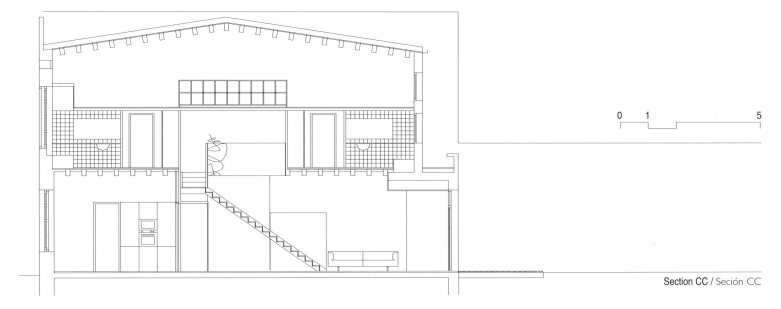

0   1   5

The floor cladding is of waxed chestnut floorboards; the long side wall of the living room was painted with iron oxide, and all the wooden elements (wardrobes, banisters, door frames) with colored enamel in order to highlight the volumetrics.

El revestimiento del suelo es de lamas de nogal a la cera. La pared grande lateral está pintada con óxido de hierro y todos los elementos de madera (armarios, pasamanos y marcos de las puertas) están acabados con pintura esmaltada para resaltar sus volumetrías.

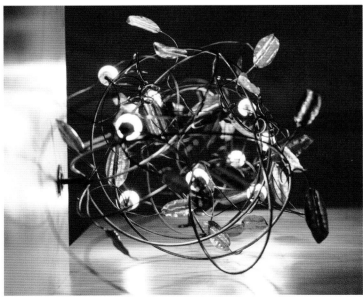

On the first floor, two double rooms with dressing room and bathroom, situated symmetrically in relation to the floor plan, use the front and rear facades for ventilation.

Situados simétricamente en relación a la planta en el primer piso se sitúan dos habitaciones dobles, un vestidor y el baño. Éstos se ventilan a través de la fachada anterior y la posterior.

Thinking Space Architects

House on Club Row London

London, UK   Photographs: Edmund Sumner

This house had been a vacant site since the four-story building previously occupying the site (built in 1840) was demolished in 1957. It is surrounded on three boundaries by existing structures. To the north is a substantial three-story warehouse building with smaller, converted two- and three-story residential buildings to the east and south. These smaller buildings have windows facing the boundaries, and there is an existing right of way for a fire escape running across the site. These constraints, combined with limited space (62 sq m), meant that the property had been passed over by developers, and was deemed unusable for anything other than a parking lot.

The house aims to participate in the street and draw on its generosity. For this reason the house is highly glazed and open on the main street elevation. The Georgian houses on the adjacent street were an important precedent with their simple geometry and large openings. To overcome the lack of external views and height restrictions imposed by zoning laws, an atrium plan was developed. This creates quiet, secluded bedrooms (the street is on a bus route), stacked at the rear of the house on the ground and first floors, with a sequence of more public living spaces rising from the basement to the roof terrace. On the north side a service zone is generated by the stair well, which provides storage and areas for the kitchen and showers.

This simple design scheme creates clear volumes which are linked and dramatically lit by the atrium allowing all the rooms to participate in this south-facing home, with its sensation of spaciousness in a relatively limited space. The basement acts as a raft foundation, removing the need for deep foundations with the stub spine walls at the front and, adjacent to the stairs, strengthening the existing party wall and providing cross bracing to the structure.

El solar de esta vivienda estuvo desocupado desde 1957, año en que se derruyó el edificio de cuatro plantas (construido en 1840) que lo ocupaba. Lo rodean estructuras previamente existentes por tres de sus lados. Al norte, se encuentra un almacén de tres plantas de gran tamaño, y al este y al sur viviendas remodeladas, de menores dimensiones, de dos y tres plantas respectivamente. Estos edificios más pequeños poseen ventanas orientadas hacia el emplazamiento de este proyecto, donde existe además un paso público hacia una escalera de incendios que atraviesa el solar. Estas limitaciones, junto con lo reducido del espacio disponible (62 m²), había provocado el abandono del emplazamiento por parte de los constructores, considerándose inservible para otro uso que no fuera como aparcamiento.

La vivienda pretende participar de la calle, aprovechando su generosidad. Por ello, la fachada de la calle principal está mayoritariamente vidriada y abierta al exterior. Las casas de estilo georgiano de la calle adyacente, con su geometría simple y sus grandes aberturas, supusieron un importante precedente para el diseño de la vivienda. Para superar la falta de vistas exteriores y las limitaciones de altura impuestas por las normas urbanísticas, se desarrolló un diseño que incluía un atrio. Esto proporciona intimidad y tranquilidad a los dormitorios (la calle es lugar de paso de autobuses), situados en la parte trasera, en la planta baja y el primer piso, y una serie de espacios comunes que se elevan desde el sótano hasta la azotea. En el lado norte, se genera un espacio de servicios gracias al agujero de la escalera, el cual proporciona áreas de almacenamiento y para la cocina y las duchas.

Este sencillo diseño da lugar a volúmenes claros, conectados y dramáticamente iluminados por el atrio, permitiendo que todas las habitaciones participen en esta casa orientada al sur y consiguiendo una sensación de espaciosidad en un espacio relativamente reducido.

El sótano actúa como cimentación por losa, evitándose la necesidad de emplear cimientos profundos mediante los muros frontales y reforzando, al lado de la escalera, la pared medianera ya existente y proporcionando un arriostramiento cruzado a la estructura.

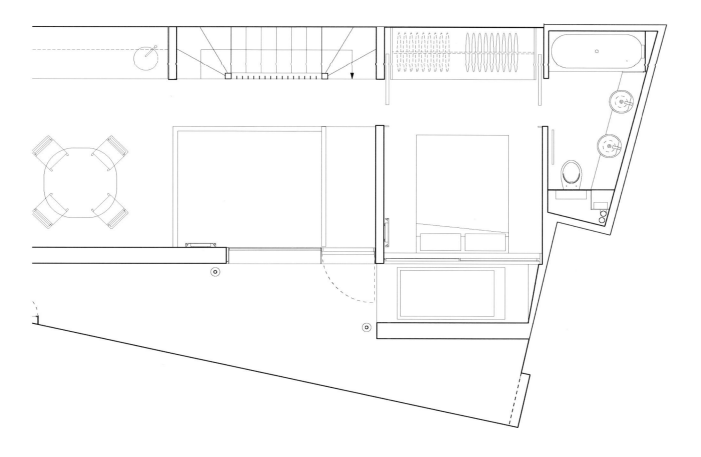

Ground floor plan / Planta baja

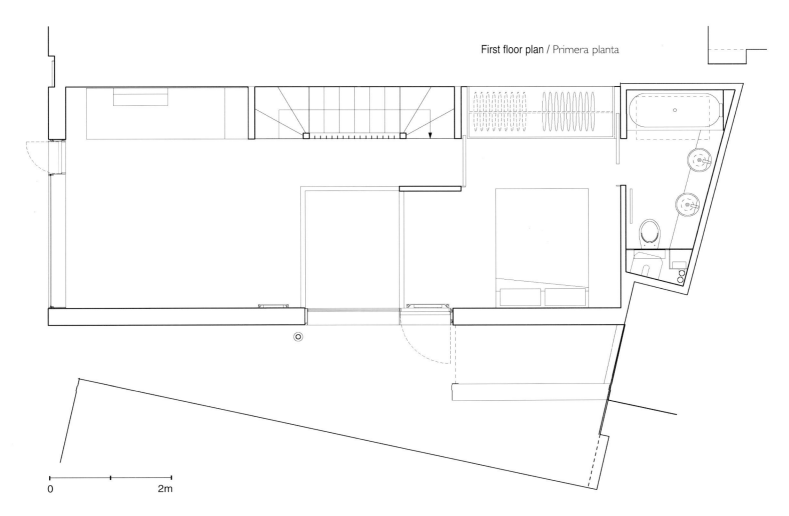

First floor plan / Primera planta

0   2m

The bedrooms can take ventilation either from the atrium in winter or directly from the outside in summer. Windows have been fitted with low E glass panes, with steel frames and movable, insulated, hardwood ventilation panels. This house has been designed to be energy efficient, while at the same time open to the exterior as much as possible.

Los dormitorios pueden ventilarse por el atrio, en invierno, o directamente desde el exterior, en verano. En las ventanas, se han dispuesto cristales en E con bastidores de acero y paneles de ventilación móviles y aislados de madera dura. Esta vivienda se ha diseñado con el objetivo de que sea energéticamente eficiente y, a la vez, todo lo abierta al exterior posible.

Second floor plan / Segunda planta

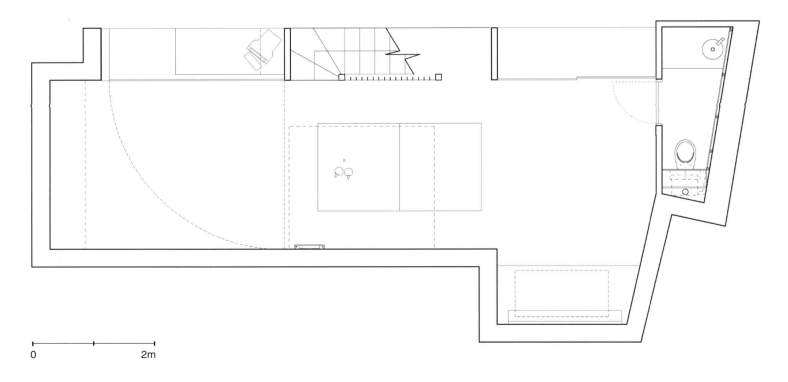

0   2m

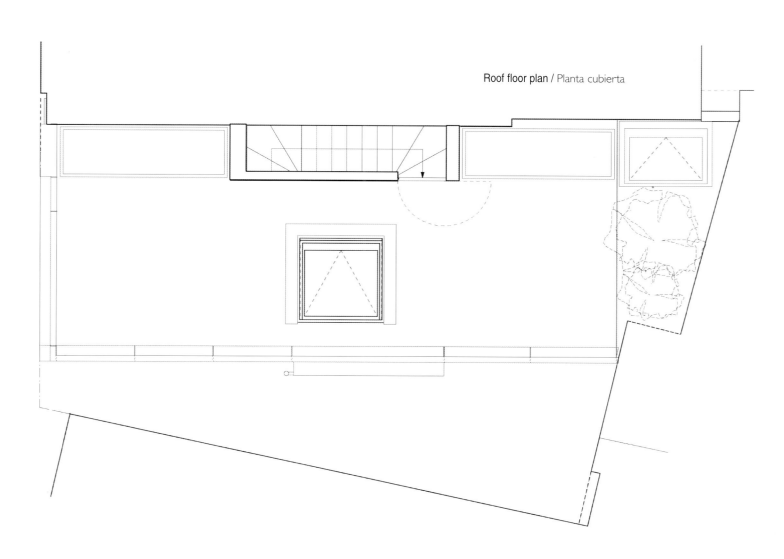

Roof floor plan / Planta cubierta

Elevation / Alzado

0   2m

Cross sections / Secciones transversales

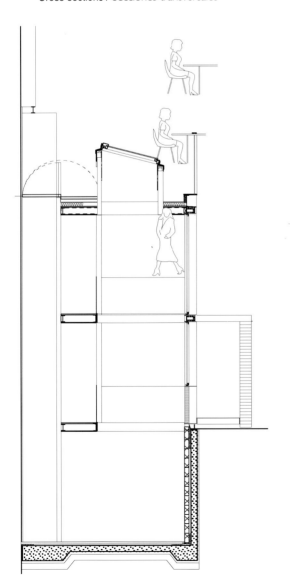

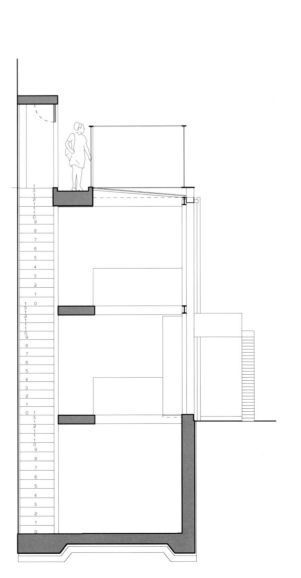

Section through atrium / Sección a través del atr

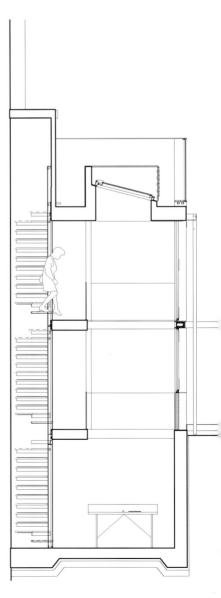

South elevation / Alzado sur

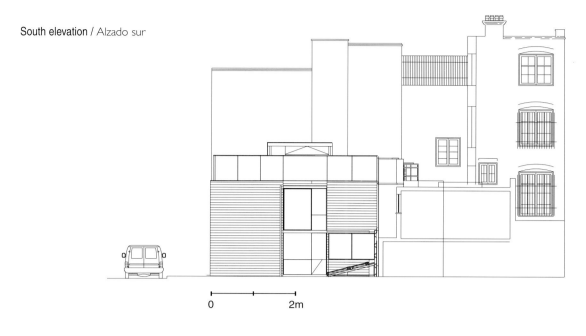

0　　　　　2m

Longitudinal section / Sección longitudinal

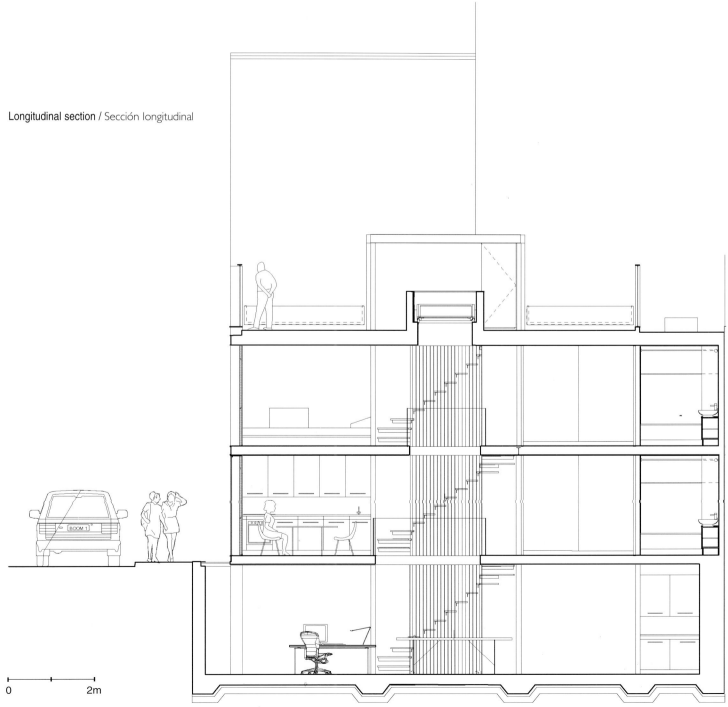

0　　　　　2m

The superstructure is simple, consisting of planes of well insulated cavity masonry walls with wood and steel floor plates. This sturdy construction is combined with a relatively sophisticated services installation consisting of a condensing boiler, which provides under-floor heating with heat reclaim ducted ventilation to the bedrooms and bathrooms.

La superestructura es simple, y consiste en paredes de obra con cámara perfectamente aisladas y planchas de acero y madera para los suelos. Esta construcción, más bien robusta, se combina con unas instalaciones relativamente sofisticadas, constituidas por una caldera de condensación que proporciona calefacción de suelo y una ventilación con calor de retorno hacia las habitaciones y los baños.

GAD Architecture

A House with Three Eras

Istanbul, Turkey   Photographs: Yavuz Draman

The brief called for the rehabilitation of a four-story house in Istanbul with three clearly identifiable "eras". The facades each belong to different periods, with approximately fifty years separating each. The floor plan was slender and long with a spacious garden enveloping the house, which faces the Bosporus Strait and is soaked in natural daylight on the south-facing side. One long side facade and the facade facing the sea were renovated by the building's second owner according to the prevailing architectural standards and approaches of the day. In this latest phase of renovation, the program was especially respectful in its treatment of the facade bearing traces of the rationalist period, as well as the facade with the charming bay windows. Much of the material used in the renovation process was recycled from the original building.

The newly-renovated house has been arranged according to the owners wish to have plenty of space and privacy for overnight guests. Each floor functions separately from the others, so that guests and inhabitants can move about freely without disturbing each other.

The lush garden, created over a hundred years ago, is a remnant of the original owner's preference for the outdoors and now rises to the height of the house's top level. It is laid out on four levels, the bottom levels of which provide the home with vegetables and fruit on a daily basis.

www.gadarchitecture.com

El encargo consistió en la rehabilitación de una casa de cuatro plantas en Estambul. El edificio presentaba características propias de tres épocas distintas, claramente identificables; cada fachada pertenece a períodos diferentes, con unos cincuenta años de diferencia entre ellos. La planta del edificio era estrecha y alargada, y contaba con un estrecho jardín qu rodeaba la casa, que da al estrecho del Bósforo y está bañada por luz natural en su cara sur.

El segundo propietario renovó una larga fachada lateral, así como la fachada orientada al mar, siguiendo el estilo arquitectónico dominante de la época. En esta última fase de renovación, se respetaron la fachada con detalles del período racionalista y la fachada provista de unas hermosas tribunas.

La mayoría de los materiales usados en el proceso de renovación se reciclaron del edificio existente.

La vivienda se ha habilitado, según el deseo de sus propietarios, para proporcionar gran cantidad de espacio e intimidad a los invitados que duerman en la casa. Cada planta funciona independientemente de las demás, de forma que los propietarios y los invitados pueden moverse libremente sin molestarse.

El exuberante jardín, creado hace más de un siglo, es un vestigio de la predilección del propietario original por los espacios exteriores, y actualmente se eleva hasta la altura del piso superior de la casa. Está distribuido en cuatro niveles distintos, y en el nivel inferior crecen frutas y verduras con las que la casa se abastece diariamente.

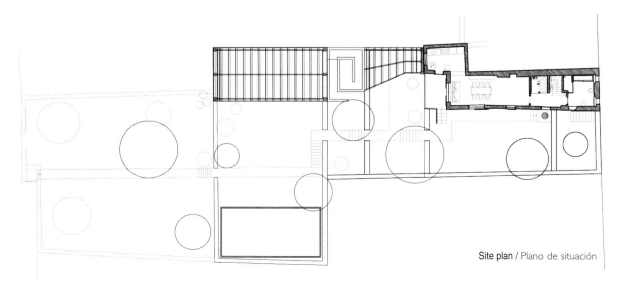

Site plan / Plano de situación

Evidence of the building's having passed through different eras is best seen on the facades. The facade with the bay windows was restored, but not altered; likewise, the contrasting rationalist facade, a remnant of the second renovation, was left intact.

En las fachadas pueden observarse perfectamente signos de las distintas épocas por las que ha atravesado el edificio. Se restauró, sin alterarla, la fachada provista de tribunas; también se dejó intacta la fachada racionalista, producto de la segunda renovación.

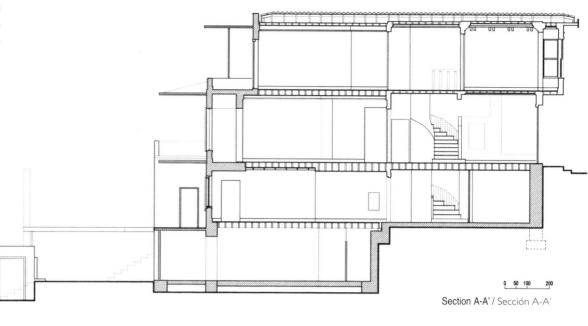

Section A-A' / Sección A-A'

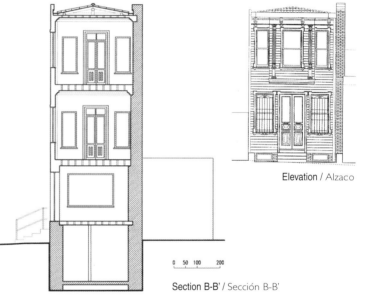

Elevation / Alzaco

Section B-B' / Sección B-B'

175

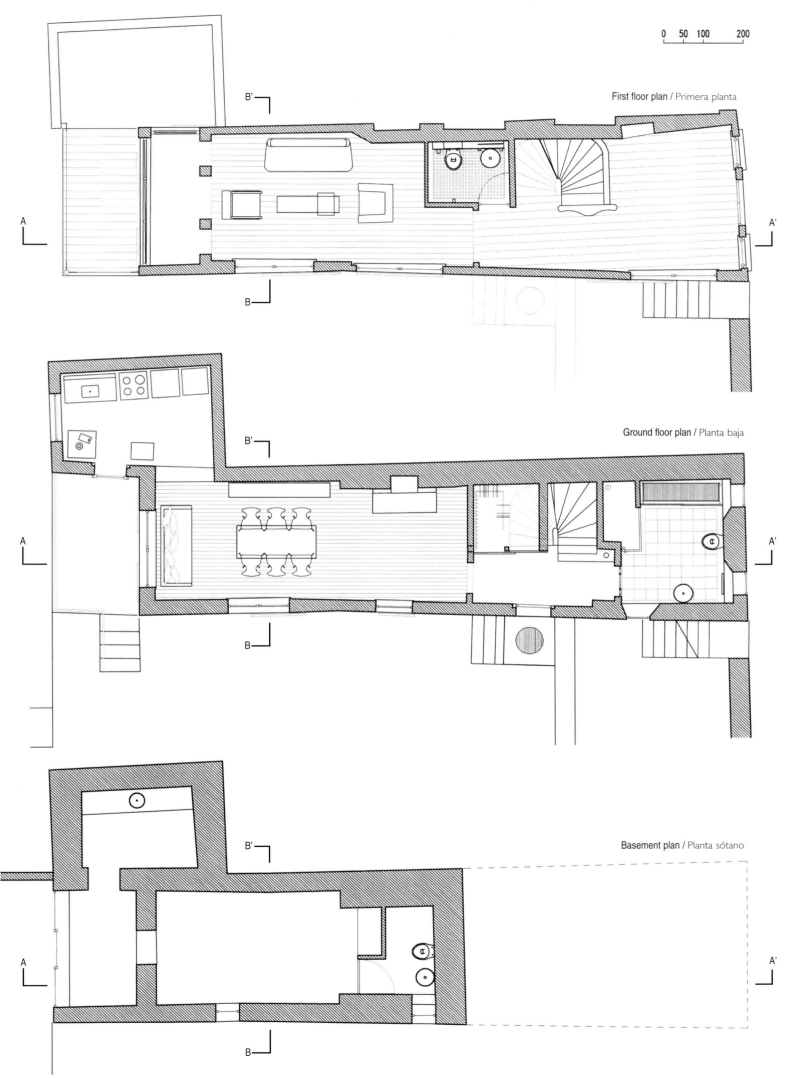

First floor plan / Primera planta

0 50 100 200

Ground floor plan / Planta baja

Basement plan / Planta sótano

0 50 100   200

B'

A

B

A'

The most prominent change which has been made in the latest renovation is the inclusion of all necessary installations on every floor, making each level an independently functioning unit, so that the inhabitants and guests could move about freely without disturbing one another.

La modificación principal realizada en la última renovación es la disposición de todas las instalaciones necesarias en cada planta del edificio, haciendo de cada piso una unidad de funcionamiento independiente; así, los propietarios de la casa y los invitados pueden moverse libremente sin molestarse.

The influence of the changing architectural and design trends over the last century are also evident in the interior. The brick masonry is one of the vestiges retained from the original building; although it has been partially covered to avoid visual overload.

Las huellas de las distintas tendencias de la arquitectura y el diseño del último siglo pueden verse también en el interior de la casa. La albañilería de ladrillo es uno de los vestigios que se conservan del edificio original, aunque se tapó parcialmente para evitar una sobrecarga visual.

Robert M. Gurney, FAIA

Fitch / O'Rourke Residence

Washington DC, USA   Photographs: Paul Warchol & Anice Hoachlander

A thorough renovation converted this townhouse, for years the neighborhood eyesore, into a modern, warm, and intimate residence with light-filled two- and three-story spaces and a mix of rich and unexpected materials.

The owner's program included a two-bedroom, two-study residence (convertible into three bedrooms and one study) on the upper three levels, and a one-bedroom rental unit in the basement.

The project faced two serious constraints. On the one hand was the house's long, narrow footprint (63 feet long, about 17 feet wide on the front, narrowing to 13 feet), which traditionally had dictated an in-line room arrangement; and on the other was the property's location in a designated historic district, which required the front facade to be kept intact.

The renovation, which began with two brick side walls and a basement dirt floor, amounted to building a new house inside an old shell. The design for the project transcends the building's narrow confines by combining a traditional orthogonal scheme with a curving geometry (where most curves and radials trace back to a center point 28 feet east of the house) and a rotation space (based on a ten degree diagonal running from a rear corner to the center of the dining room).

The living room exploits the southern exposure and the opportunity to build a new rear facade that could bring light into a lofted space. A second lofted area near the front brings light into the northern end.

A wide range of materials was chosen to create a rich and warm mix of colors and textures and to admit and modulate light. They include concrete, steel (force-rusted, stainless, perforated, painted), block aluminum, lead-coated copper, copper wire cloth, Uniclad corrugated panels, clear and sandblasted glass, limestone tile, maple and mahogany veneer cabinets and wall panels, and Kalwall and Lumicite translucent panels.

Durante mucho tiempo, ésta fue la casa menos atractiva del vecindario. La renovación la ha transformado por completo en una residencia de dos y tres plantas, moderna, cálida, acogedora, de espacios luminosos y con una combinación de materiales ricos y sorprendentes.

El proyeto del propietario comprendía una residencia con dos dormitorios y dos estudios; transformables en tres habitaciones y un estudio, respecivamnte. El primero de tres niveles en la parte superior y el segundo un espacio para alquilar y un dormitorio en el sótano. Los clientes querían una vivienda dinámica que fuera adecuada a su localización urbana y, a la vez, cálida y acogedora.

El proyecto tuvo que afrontar dos severas limitaciones: la planta del edificio, estrecha y alargada (19 m de largo y unos 5 m de ancho en la parte frontal, estrechándose luego hasta 4 m), que tradicionalmente había impuesto una distribución de las habitaciones en fila india; la localización de la propiedad dentro de un distrito catalogado como histórico, lo que obligaba a mantener intacta la fachada; y, por último, el ajustado presupuesto del cliente, que limitaba los costes del proyecto a unos 140 dólares x m².

El objetivo de la renovación, que empezó con el levantamiento de dos muros laterales de ladrillo y el suelo del sótano, era construir una casa nueva dentro de una vieja estructura. El diseño del proyecto supera las estrechas limitaciones del edificio combinando un esquema ortogonal tradicional con una geometría curvada (la mayoría de los radios de las líneas curvas apuntan a un centro situado a 8,5 m al este del edificio) y un espacio de rotación (basado en una diagonal inclinada 10° que va de una de las esquinas traseras al centro del comedor). El resultado ha sido una disposición cambiante que parece moverse a medida que se recorre la casa.

La sala de estar aprovecha su orientación al sur y la posibilidad que había de construir una fachada posterior totalmente nueva por la que la luz pudiera penetrar en un espacio tipo loft. Este espacio, cerca de la parte frontal, permite que la luz penetre en el extremo norte del edificio. Se escogieron los materiales con el objetivo de crear una cálida mezcla de colores y texturas, recibir y modular la luz, y ofrecer un contraste al contexto urbano de la vivienda. Entre otros se incluyen el hormigón, el acero (cortén, inoxidable, perforado, coloreado), aluminio, cobre recubierto de plomo, tejidos metálicos de cobre, paneles ondulados Uniclad, vidrio transparente y vidrio esmerilado, paneles translúcidos de Kalwall y Lumicite, baldosas de piedra caliza, remates de Kirkstone y de caliza, muebles y paneles de pared aplacados en madera de arce y caoba, y suelos de madera de arce y de cerezo brasileño.

West elevation / Alzado oeste

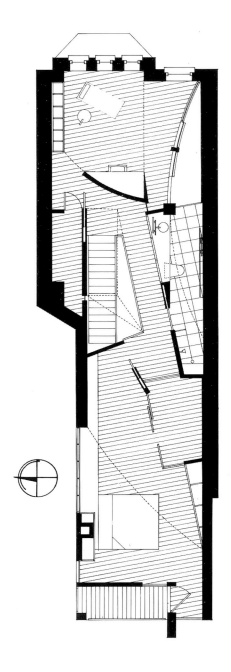

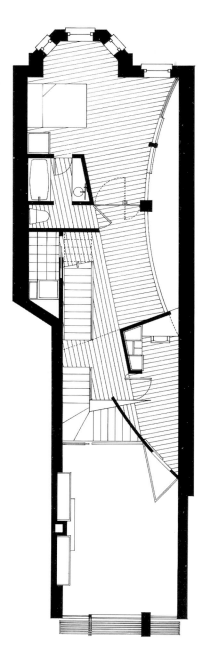

Third floor plan / Tercera planta

Second floor plan / Segunda planta

0   2m

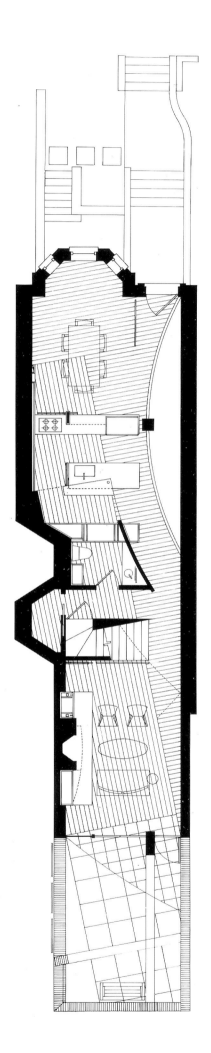

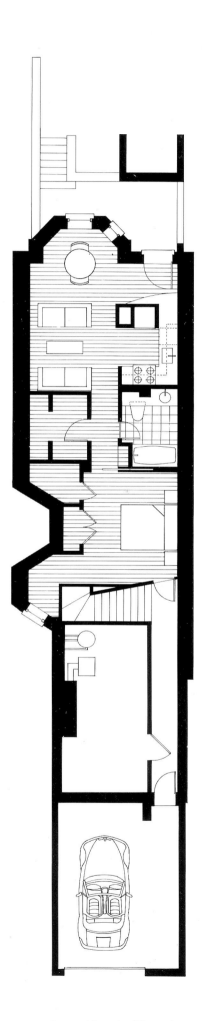

First floor plan / Primera planta

Basement floor plan / Planta sótano

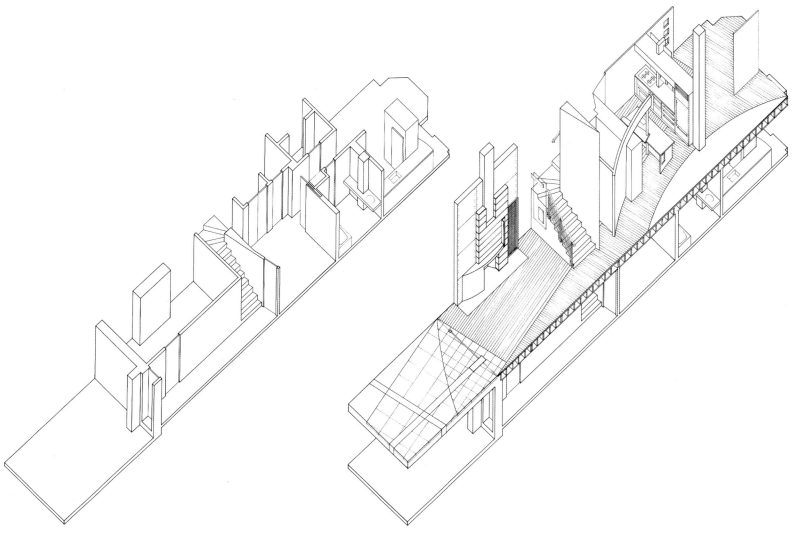

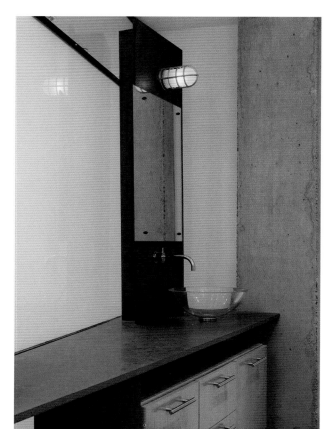

Some of the materials used in the master bedroom are lead-coated copper wall-cladding, mahogany and maple cabinets, and a pietra verde limestone countertop.

Para las paredes de la habitación principal se ha escogido cobre acabado en plomo, madera de caoba y arce para los armarios y piedra caliza verde para el sobre del mueble de detrás de la cama.

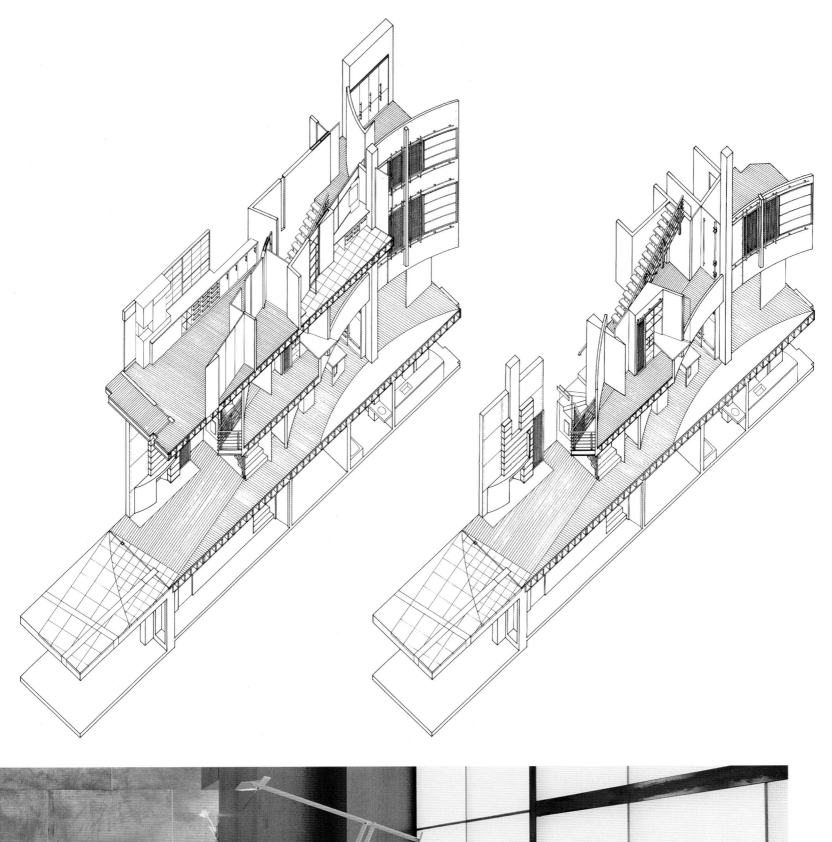

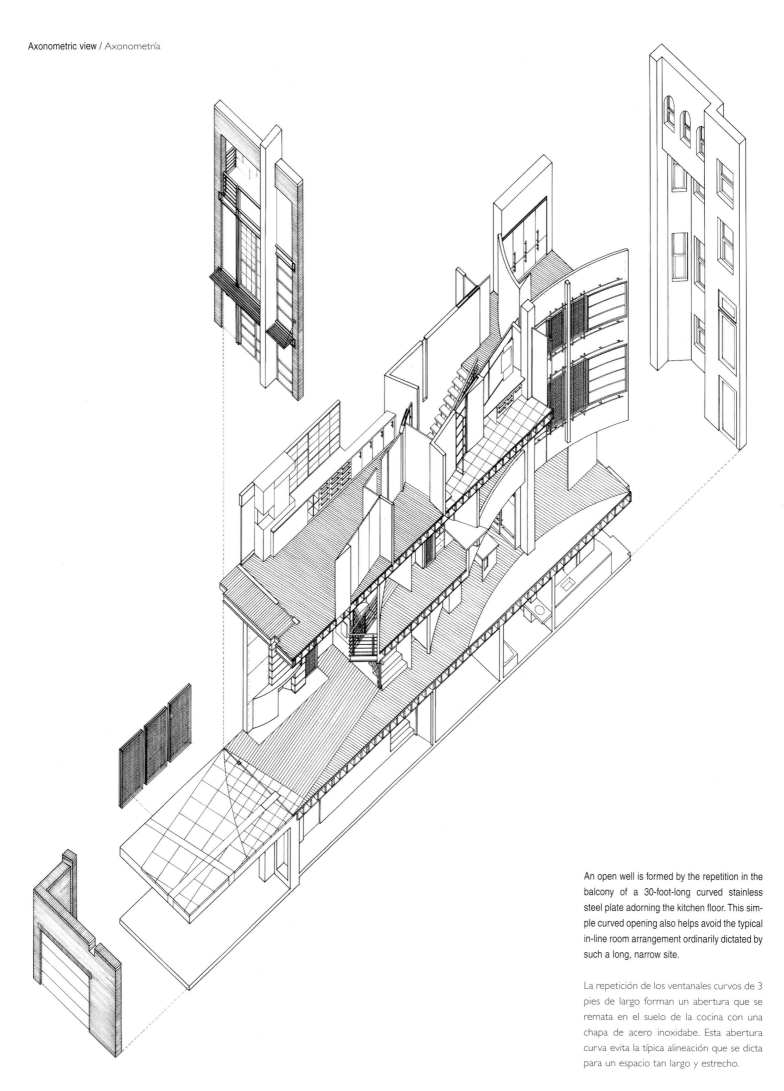

An open well is formed by the repetition in the balcony of a 30-foot-long curved stainless steel plate adorning the kitchen floor. This simple curved opening also helps avoid the typical in-line room arrangement ordinarily dictated by such a long, narrow site.

La repetición de los ventanales curvos de 3 pies de largo forman un abertura que se remata en el suelo de la cocina con una chapa de acero inoxidabe. Esta abertura curva evita la típica alineación que se dicta para un espacio tan largo y estrecho.

Gaëlle Hamonic et Jean-Christophe Masson

House in a garage

Paris, France   Photographs: Hervé Abbadie / Hamonic + Masson Architectes

When a couple with children who are fond of space and signs of the times decide to free themselves from the corset of a Haussman building in Paris and are allergic to the ready-to-wear real estate, they must take a decision on architecture. And with the same impetus they must offer the project to young designers. In life, the success of a project is often a question of confidence. The chain that was established during this operation between the customer, the architect and the contractor is the illustration of this. Conquered from nothing, or almost nothing, this domestic dwelling was created from scratch from the first sketch to handover in a full year. The investment of the architects was proportional to the confidence that the customers placed in them.

And this is how this old shell opening onto a passage on the outskirts of the old section of Paris became the mansion of their dreams. The scheme was not, strictly speaking, a rehabilitation but a more radical intervention, a way of making full use of the plot.

Two different environments are woven together: on the passage side, the old houses are preserved, with their roofing and their loft. In the heart of the block, in place of the old hangar, the fluid space of the new intervention expands.

The house takes the old dimensions of the shell (192 m² floor space, 6 m height to the base of the roof), crossed by a court (3 m x 6 m) that regulates the party wall giving onto the court with a light partition. The 18 m² of space planted with bamboo becomes a garden, a source of light and a horizon of vegetation for all the rooms.

Preserving its original character, the facade on the dead end is almost unaltered. This choice of discretion and respect for the surrounding fabric that was desired from the first drawings by the architects helped the inhabitants of this modest dead-end of old Paris to accept the scheme.

On crossing the threshold, the visitor is inhaled toward a large, extremely open volume (the living room), which opens onto the court. The scenario of daily life is thus discovered. It forms a continuous whole of which full use is made, and life moves into the hollows of the works. The different spaces are linked by the interplay of light and the contrast of volumes. No doors, no obstacles. Transitions take the form of delicate filters: a bamboo hedge in the court, a set of transparent or translucent polycarbonate screens for the kitchen, dining area, lounge and offices.

Cuando esta pareja con niños, con gusto por lo antiguo, decidió liberarse del corsé del edificio Haussman en París y de la alergia que le producían las promociones inmobiliarias "pret a porter", tomaron una decisión en arquitectura. Con este mismo ímpetu debían ofrecer el proyecto a arquitectos jóvenes y es que en la vida el éxito de un proyecto frecuentemente es una cuestión de confianza. Así, la relación que se estableció entre el cliente, el arquitecto y el constructor lo ilustra. Concebido a partir de la nada, o de casi nada, esta residencia se realizó durante un año: desde el primer boceto hasta la entrega. La inversión de los arquitectos era proporcional a la confianza depositada por los clientes. Y así es como esa vieja carcasa, abierta a un callejón, en un antiguo barrio a las afueras de París, se convirtió en la mansión de sus sueños.

El tema no era, estrictamente hablando, una rehabilitación sino una intervención mucho más radical, una manera de sacar el máximo partido a la situación. En el proyecto se entrelazaron dos ambientes: a nivel del calle se conservó la casa vieja, con su cubierta y su entreplanta. En el centro del volumen, en el lugar del viejo almacén, se extendió fluidamente el nuevo espacio. La casa toma las dimensiones de la vieja carcasa (192 m² de planta y 6 m de alto hasta la base de la cubierta), atravesada por un patio (3x6 m) que regula la pared divisoria hacia el patio con una división ligera. El espacio de 18 m² plantado con bambú se convierte en el jardín, fuente de luz y horizonte de vegetación para todas las estancias.

Conservando su carácter original, la fachada al callejón quedó casi intacta. Esta decisión de discreción y de respeto por el tejido del entorno fue voluntad del arquitecto desde el primer boceto y ayudó a lo inhabitable de este modesto barrio del viejo París a aceptar este proyecto.

Al entrar, el visitante es arrastrado hacia un espacioso y amplio volumen, el salón, que se abre hacia el patio, y es el escenario donde se pone al descubierto la vida cotidiana. Los diferentes espacios están interconectados por el juego de la luz y el contraste de los volúmenes: sin puertas, ni obstáculos. Las transiciones toman forma de suaves filtros: el seto de bambú del patio, el juego de las mamparas de policarbonato para la cocina, el comedor, el salón y el estudio.

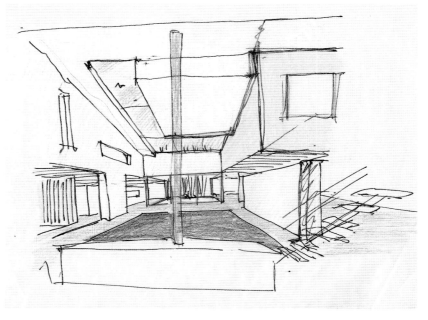

In fitting out the dwelling the architects avoided any mannerism in the materials, using only what was essential for the house to breathe: a metal structure, white or coloured partitions, transparencies.

Los arquitectos han evitado cualquier tipo de manierismo en los materiales. Han empleado únicamente lo esencial para que la casa respirara: estructuras de metal, separaciones blancas o de color y transparentes.

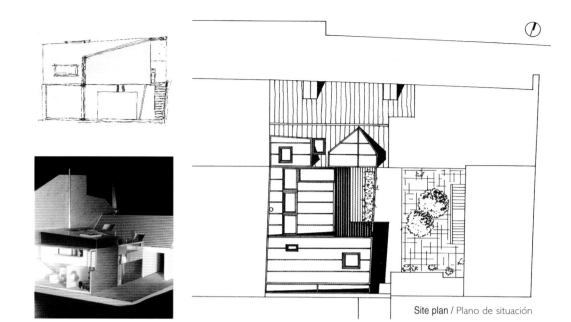

Site plan / Plano de situación

Children live on the passage side, in lofts.
They have their own staircase and bathroom.
At the end of the plot, the parents' room stands
suspended and isolated under a starry sky.

Con su propia escalera y su baño, los niños
conviven en la entreplanta que da al callejón. La habitación de los padres da hacia el
final de la parcela, donde se suspende aislada bajo el cielo estrellado.

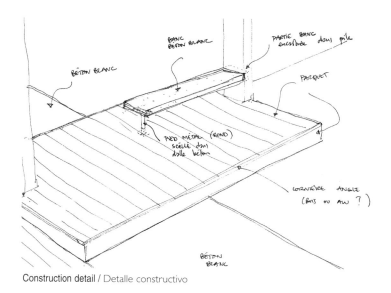

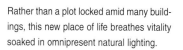

Construction detail / Detalle constructivo

Rather than a plot locked amid many buildings, this new place of life breathes vitality soaked in omnipresent natural lighting.

Más que una parcela atrapada en medio de edificios, este nuevo espacio de vida respira vitalidad empapada de la omnipresente luz natural.

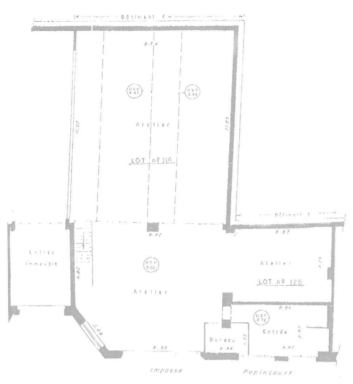

Existing floor / Planta preexistente

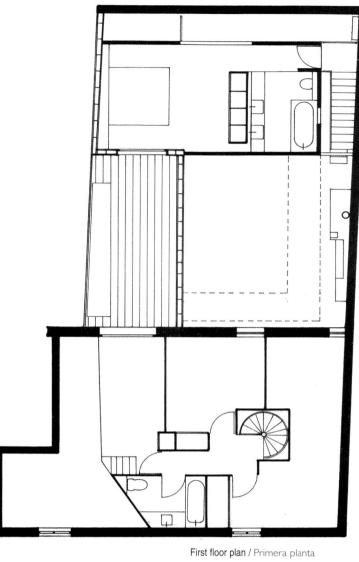

First floor plan / Primera planta

Ground floor plan
Planta baja

1. **Entry** / Entrada
2. **Access to children's room**
   Acceso habitación de los niños
3. **Laundry** / Lavadero
4. **WC** / WC
5. **Video** / Sala de video
6. **Kitchen** / Cocina
7. **Dining room** / Comedor
8. **Room** / Estancia
9. **Access to parent's room**
   Acceso habitación de los padres
10. **Library** / Biblioteca
11. **Office** / Despacho
12. **Terrace** / Terraza

0   2m

Cross-section / Sección transversal

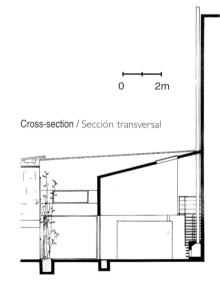

This ostentatious dwelling was born from nothing. The project consisted in building this residual void with the light and diaphanous materials that are sufficient to domesticate what was originally a non-place.

Esta ostentosa vivienda nació de la nada. El proyecto consistió en construir este espacio residual con luz y materiales diáfanos suficientes para hacer habitable lo que originalmente no lo era nada.

0   2m

Benson + Forsyth

Marico Factory and Residence

London, UK

Photographs: Hélène Binet

Located in Islington on the north bank of the Grand Union Canal, the site consisted of the shell of a derelict factory and two cottages. The single-story walls of the canal towpath and the gardens to the north, together with the two-story cottage walls which face the park and the existing houses, have been retained.

Within the house a metal valley-roof supported on perforated metal troughs and a steel frame is carried centrally on two pairs of steel columns. Externally the roof is reminiscent of a traditional Islington valley-roof, while internally it reads as a free-standing umbrella dissociated from the perimeter walls and independent of the galleries and volumes below.

The ground floor is occupied by the principal living spaces, which relate to the studio across the courtyard, or internally through the single-story dining/conference room, which may be used in conjunction with both the studio and the living floor.

The first-floor gallery contains a second living space: a dressing room and bedroom which overlook the park and the canal and extend onto the roof terrace over the single-story link into the office gallery within the studio.

The upper floor is composed of two cubes: the bathroom within a 2.1 meter cube made of opal white glass, and the main bedroom, which is located in a roof-lit enclosure suspended over the lower sitting area.

The design of the workshop section was governed by the need to maintain the two-story enclosure of the adjacent buildings on the canal side and to keep the level of the roof below the single-story wall of the gardens on the north. The roof and all of the wall planes are dissociated by glazing which washes the planes with indirect light.

La localización de este proyecto, situado en Islington, en la orilla norte del canal Grand Union, comprendía el esqueleto de una fábrica abandonada y dos casas rurales. Se mantuvieron los muros del camino de sirga del canal, de una planta de altura, y los jardines al norte, así como los muros de dos plantas de las casas rurales, que dan al parque, y las casas existentes.

En el interior de la casa, una cubierta en mariposa metálica soportada por vigas de metal perforado y una estructura de acero se apoya por la parte central en dos pares de columnas de acero. Desde fuera, la cubierta recuerda los techos en V tradicionales de Islington, mientras que, desde dentro, parece un paraguas suspendido, independiente de los muros externos y de las galerías y volúmenes a los que sirve de cubierta.

En la planta baja se alojan los espacios comunes principales, que conectan con el estudio a través del patio y, por dentro, a través de la sala de conferencias-comedor de una planta, que puede usarse tanto junto con el estudio como con los espacios comunes.

En la galería del primer piso se aloja una segunda estancia: un ropero y un dormitorio que dan al parque y al canal, y que se extienden hasta la terraza por encima del espacio de una planta de altura que conecta con la galería de despachos del estudio.

El piso superior se compone de dos cubos: el lavabo, en un cubo de 2,1 metros de vidrio blanco de ópalo, y el dormitorio principal, situado en un espacio cerrado de la cubierta suspendido sobre la zona de descanso inferior.

El diseño del taller vino determinado por la necesidad de mantener la disposición en dos pisos de los edificios contiguos a la orilla del canal, manteniendo a la vez el nivel de la cubierta por debajo del muro de los jardines, de una planta de altura, situados al norte. Tanto la cubierta como los planos de las paredes están separados por vidrio, proporcionando una luz indirecta.

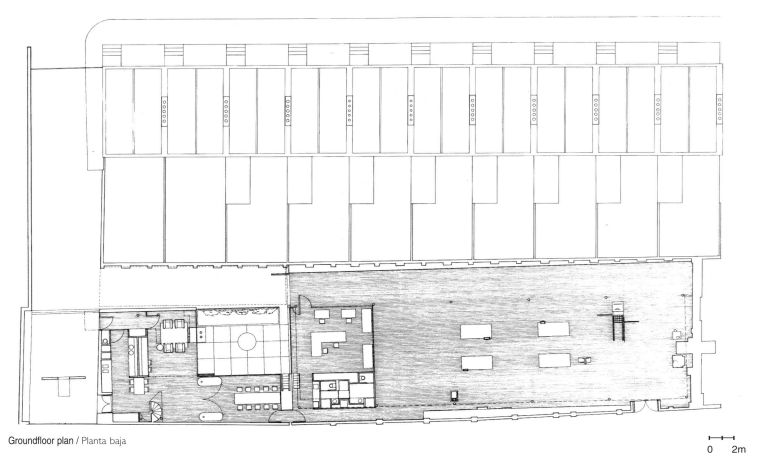

Groundfloor plan / Planta baja

0   2m

A metal valley-roof supported on perforated metal troughs and a steel frame is carried on two pairs of steel columns. This structure is dissociated from the perimeter walls and independent of the galleries and volumes below.

Una cubierta metálica en mariposa, soportada por vigas de metal perforado y una estructura de acero, se apoya en dos pares de columnas de acero. Esta estructura es independiente de los muros externos y de las galerías y volúmenes que hay bajo ella.

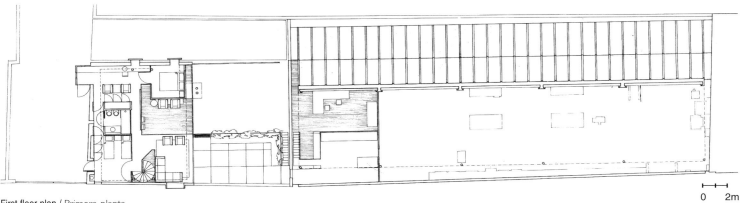

First floor plan / Primera planta

0   2m

The design of the workshop section was governed by the need to maintain the two-story enclosure of the adjacent buildings and to keep the level of the roof below the single-story wall of the gardens on the north. The roof and all of the wall planes are dissociated by glazing.

El diseño del taller vino determinado por la necesidad de mantener la disposición en dos pisos de los edificios contiguos a la orilla del canal, manteniendo a la vez el nivel de la cubierta por debajo del muro de los jardines, de una planta de altura, situados al norte. Tanto la cubierta como los planos de las paredes están separados por vidrio.

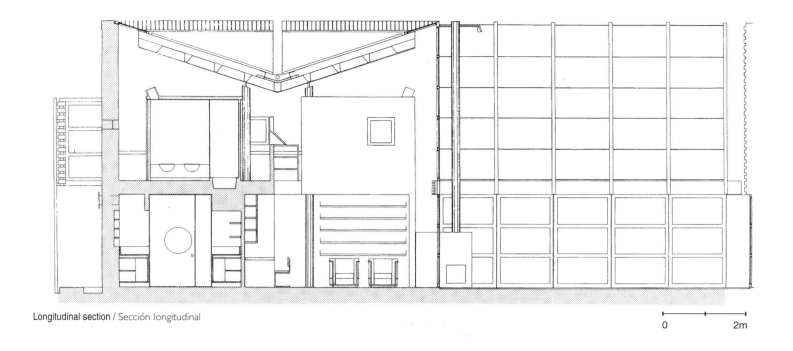

Longitudinal section / Sección longitudinal

0   2m

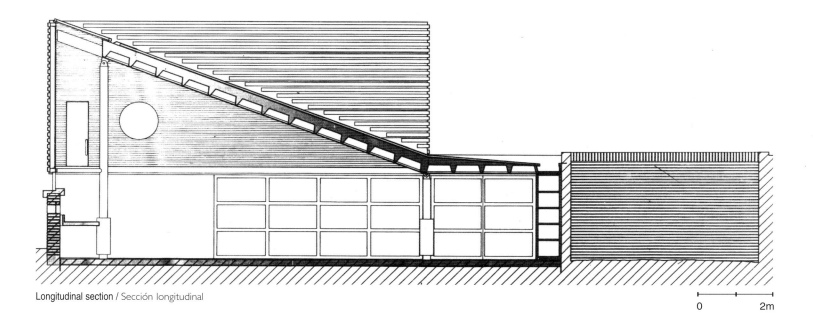

Longitudinal section / Sección longitudinal

0   2m

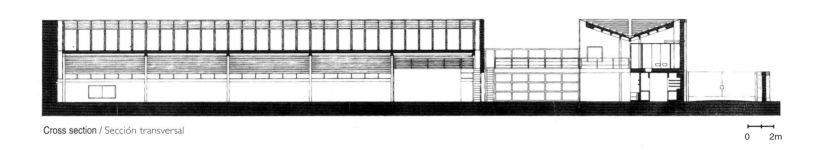

Cross section / Sección transversal

0   2m

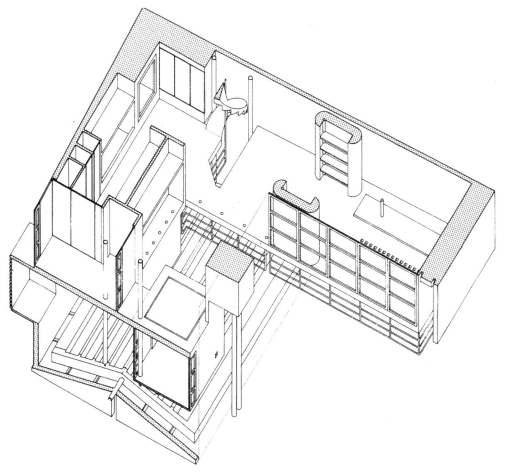

Located alongside a canal, the site consisted of the shell of a derelict factory and two cottages. The single-story walls of the canal towpath, together with the two-story cottage walls which face the park and existing houses, have been retained from the original site.

La localización de este proyecto, situado junto a un canal, comprendía el esqueleto de una fábrica abandonada y dos casas rurales. Se mantuvieron los muros del camino de sirga del canal, de una planta de altura, así como los muros de dos plantas de las casas rurales, que dan al parque y a las casas existentes.

Axonometric view / Axonometría

Carles Gelpí i Arroyo

Casa Cloe

Barcelona, Spain   Photographs: Eugeni Pons

This two-story, single-family house with a floor at street level is the result of the conversion of an adjoined building, which had previously been used for fruit storage. It is located on a street of low houses of less than 5 m width and more than 20 m depth in Barcelona's Gracia neighborhood, near the Plaza de la Llibertat.

The sections of the property vary in depth: 15 m on the ground floor, 12 m on the first and 7.5 on the second. The facade is flat, while the volumes are stacked in the inner patio of the block.

The project called for incorporating an interior stairway, linking the ground floor with the two levels of the flat, into the building. Its proximity and parallel position to the facade make it a free-standing sculptural element, although it is viewed from all rooms in the house. It is this staircase which organizes and classifies the different pieces that it links, as a whole and in each section.

The ground floor is a succession of platforms rising up from the entrance to the patio, with a different use on each level, separated from the others only by a change in level. This floor takes in the entrance, kitchen, dining room, living room and exterior garden patio, where a shallow pool of water lies alongside a garden of round white stones. The owner's rooms are located on the first floor: a bedroom suite with private terrace, a small central room and a study.

The use of low volumes between platforms grants greater privacy to the rooms on each level and in relation to the other floors.

The upper floor is occupied by the attic and bedroom for children and guests, and a diaphanous space divided into two environments by the stairway, which leads to a terrace facing the inner patio.

Este proyecto de casa unifamiliar es fruto de la reconversión de un edificio entre medianeras de planta baja y dos pisos, destinado hasta ahora a almacén de frutas, situado en una calle de casas bajas de menos de 5 m de crujía, y más de 20 m de profundidad dentro de la trama del barrio de Gràcia y muy cerca de la Plaza de la Llibertat, en Barcelona.

La sección del inmueble es variable en profundidad, con una planta baja de 15 m, un primer piso de 12 m, y un segundo piso de 7,5 m, con la fachada plana, y retranqueándose en el interior del patio de manzana.

La intervención se ha basado en la colocación de la escalera interior del inmueble, que comunica la planta baja con las dos plantas del piso. Su posición cercana a la fachada, y paralela a ésta, la convierte en un elemento escultórico exento, aunque presente desde cualquier estancia de la casa. Es ella la que ordena o jerarquiza las diferentes piezas que comunica, en planta y en sección.

La planta baja es una sucesión de plataformas que van subiendo desde la entrada hasta el patio, haciendo que en cada escalón haya un uso, separado de los otros sólo por el desnivel. Esta planta acoge el acceso, la cocina y la zona de ocio interior-exterior, el estar-comedor y el patio-jardín exterior, donde una terraza-estanque se vierte sobre un jardín de cantos rodados blancos.

En el primer piso se ubican las estancias de la propiedad: el dormitorio-suite con terraza propia, una salita central y el estudio. La utilización de volúmenes bajos entre plataformas permite privatizar las estancias entre ellas, y en relación a los otros pisos.

El último piso lo ocupa la habitación de niños-invitados-desván, y es un espacio diáfano divido en dos ámbitos por la escalera, que conduce a una terraza orientada al patio de manzana.

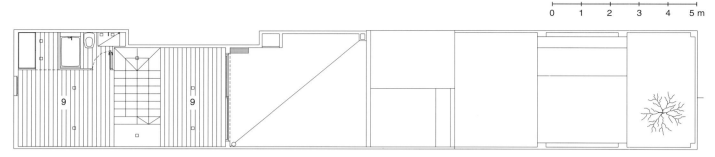

Second floor plan / Segunda planta

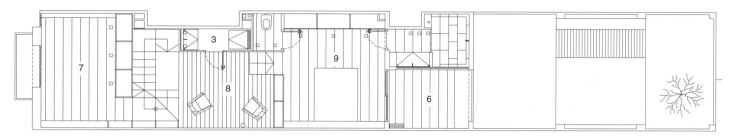

First floor plan / Primera planta

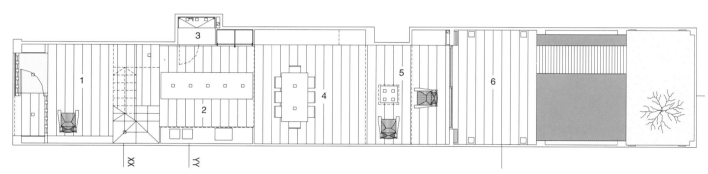

Ground floor plan / Planta baja

1. Hall / Vestíbulo
2. Kitchen / Cocina
3. Washroom / Aseo
4. Dining-room / Comedor
5. Living-room / Salón

6. Terrace / Terraza
7. Study / Estudio
8. Foyer / Antesala
9. Bedroom / Habitación
1C. Bathroom / Baño

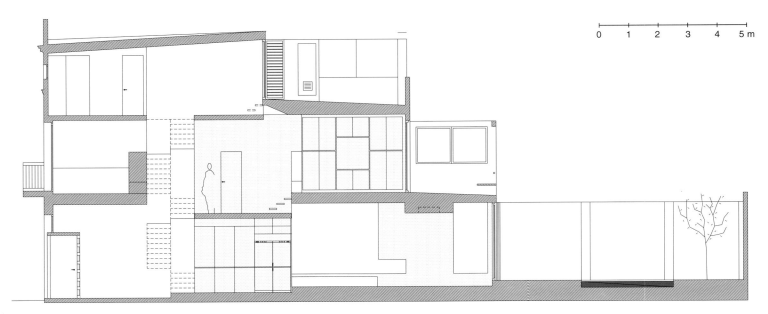

Longitudinal section / Sección longitudinal

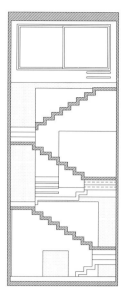

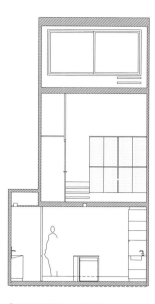

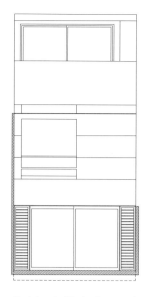

Section XX / Sección XX

Section YY / Sección YY

Back facade / Fachada posterior

The interior stairway has been designed as a free-standing sculptural element, which organizes and classifies the different pieces that it links, as a whole and in each section.

La escalera interior se ha tratado como un elemento escultórico exento que permite ordenar y jerarquizar las diferentes piezas que comunica, en planta y en sección.

The bedroom suite with private terrace, a small central room and a study are located on the first floor. The use of low volumes between platforms grants greater privacy to the rooms on each level and in relation to the other floors.

En el primer piso se ubican el dormitorio-suite con terraza propia, una salita central y el estudio. La utilización de volúmenes bajos entre plataformas permite privatizar las estancias entre ellas, y en relación a los otros pisos.

Jun Aoki

Tokyo, Japan   Photographs: Tsunejiro Watanabe

The most has been made of this relatively small plot. Of the 61sq m of available ground space, a two-story home with a basement has been built on just 37 sq m (the total floor area is 109 sq m). However, its impact on the surrounding neighborhood cannot be judged by its size alone. The eye-catching and unexpected geometry of the facade sets this home apart from the rest.

The project is a sculpted concrete shell placed in the space between two existing houses. Broadly speaking, the structure is comprised of two independent volumes placed within the shell. The upper floor, from which is seemingly suspended a glass-enclosed mezzanine overlooking the dining room, comprise the first volume; the second is made up of the ground floor, which encloses the basement space.

The primary structural system is of reinforced concrete. The facades are clad in wood paneling, with windows framed in aluminum and steel.

In the interior, the sleek, modern look of steel and concrete competes with the homey warmth of wood. High and wide expanses of exposed concrete slabs make an imposing wall cladding. The floors are done almost entirely in unstained wood throughout the home, the only exception being the unique flooring material used in the mezzanine: leather.

Painted steel stairways and handrails, and custom-designed steel cabinets are the elements which provide the necessary dark visual counterweight to the light tones of concrete and unstained wood.

En este proyecto se aprovechó al máximo un solar relativamente pequeño. En 37 m² de los 61 m² de suelo disponible se construyó una vivienda de dos plantas y sótano (la superficie total de suelo es de 109m²). Pero el impacto del edificio en el entorno urbano que lo rodea no puede juzgarse exclusivamente por su tamaño: la original geometría de la fachada hace de éste un edificio singular respecto de los demás.

El proyecto consiste en una estructura de hormigón de aire escultórico, situada entre dos casas ya existentes. A grandes rasgos, la estructura comprende dos volúmenes independientes: el piso superior, del que parece colgar un altillo con paredes de vidrio desde el que se ve el comedor, y la planta baja, que comprende el sótano.

La estructura principal es de hormigón armado. Las fachadas están revestidas con paneles de madera, y los bastidores de ventana son de aluminio y acero.

En el interior, el aspecto moderno y elegante del acero y el hormigón contrasta con la calidez de la madera. Las paredes están constituidas por extensas placas de hormigón visto que dan un aire imponente a este revestimiento. Los suelos, en casi toda la casa, son de madera natural, a excepción del suelo del altillo, en el que se ha utilizado un material muy particular: el cuero.

Las escaleras de acero coloreado y pasamanos rectangulares, y el mobiliario de acero hecho a medida, resultan elementos oscuros que actúan como contrapeso de los tonos claros del hormigón y la madera.

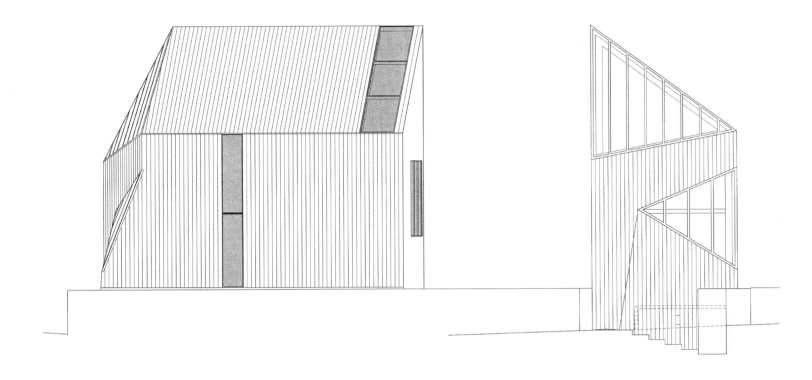

West elevation / Alzado oeste

North elevation / Alzado norte

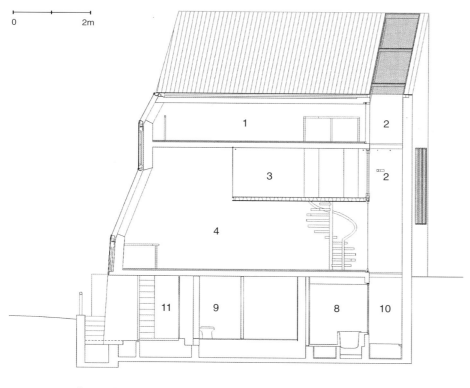

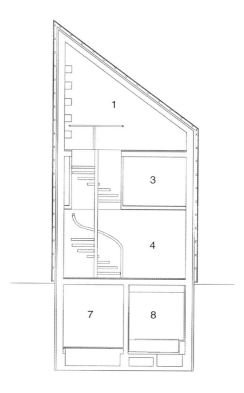

Cross and longitudinal sections / Secciones transversal y longitudinal

1. Study / Estudio
2. Terrace / Terraza
3. Bedroom / Dormitorio
4. Kitchen / Cocina
5. Terrace / Terraza
6. Entrance / Entrada
7. Storage / Almacén
8. Bathroom / Baño
9. WC / WC
10. Areaway / Patio inglés
11. Entrance / Entrada

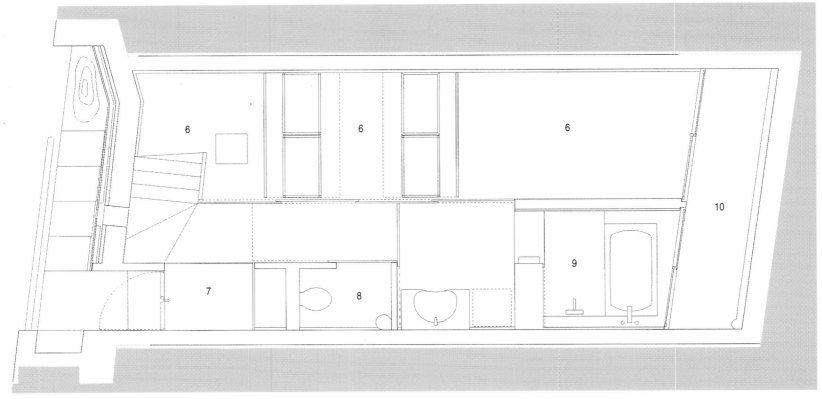

Ground floor plan / Primera baja

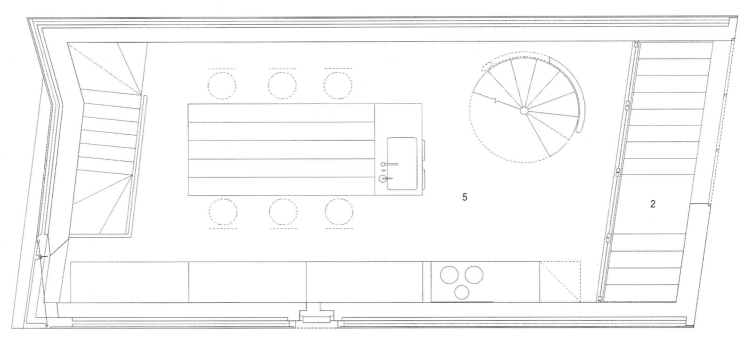

First floor plan / Primera planta

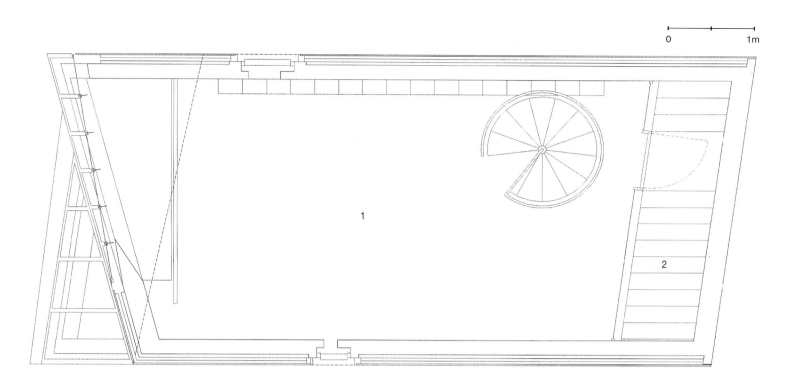

Second floor plan / Segunda planta

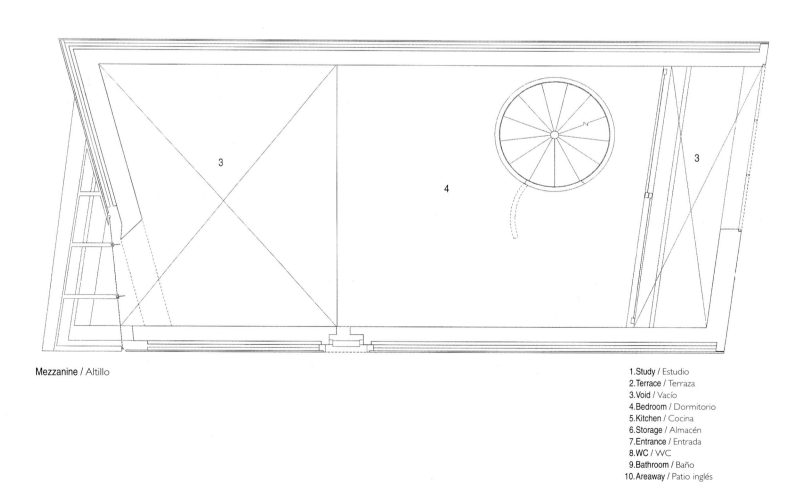

Mezzanine / Altillo

1. Study / Estudio
2. Terrace / Terraza
3. Void / Vacío
4. Bedroom / Dormitorio
5. Kitchen / Cocina
6. Storage / Almacén
7. Entrance / Entrada
8. WC / WC
9. Bathroom / Baño
10. Areaway / Patio inglés

The walls are clad in high and wide expanses of exposed concrete. The floors are done almost entirely in unstained wood, the only exception being the unique flooring material used in the mezzanine: leather.

Las paredes están recubiertas de grandes placas de hormigón visto y el suelo de madera sin tratar, casi en su totalidad; exceptuando el altillo para el cual se ha usado un material original: el cuero

Alonso-Balaguer i Arquitectes Associats, SL

Doctor Rizal

Barcelona, Spain   Photographs: Jovan Hovart

This project is comprised of a grouping of four single-family dwellings, separated by party walls, which has been patterned after the traditional typology of the surrounding area: Barcelona's Gracia neighborhood.

The building has been designed as a horizontal block in which the shared elements are the entrances to the parking garage and service areas. Each of the four homes enjoys direct access to the street, thereby enabling the development of the concept of the single-family dwelling separated by party walls – a typical scheme in Gracia for part of the previous century.

The solution adopted for the unit obliged a duplex-style, individual layout, which involved the creation of stairwells to vertically join the homes, thereby making full use of the interior space.

In keeping with the concept of the neighborhood's typical ground-floor homes of old, the living room, kitchen and dining room have been placed on the ground floor in the three dwellings located on the facade facing Dr. Rizal street. In addition to the standard requirements of the home on Riera de Sant Miquel street (perpendicular to Dr.Rizal), the vehicle access to the underground parking garage and ventilation of the stairway leading to it also had to be incorporated. As a result, the living room, kitchen and dining room have been placed on the first floor, while a three-bedroom unit occupies the second floor.

The building's outer skin changes at the corner, forming a kind of virtual hinge between the two streets. This effect is accentuated by the use of materials in contrasting colors, such as the high-density wooden planks used on the ground floor of Dr. Rizal street and on the upper floors of Riera de Sant Miquel, and the single layer of light-colored mortar on the vertical faces.

The criteria of using a single material for the openings creates an ambiguity between grating and sunshade, enabling the design of different solutions to suit different needs: sliding panels on the facade of Dr. Rizal and inward-folding shutters on Riera de Sant Miquel.

Este proyecto consiste en la realización de un conjunto de 4 viviendas unifamiliares, entre medianeras, que pretende recoger la tipología tradicional de la zona en la que se ubican: el barrio de Gracia de Barcelona. El edificio se desarrolla como un bloque horizontal en el cual los elementos comunes son las entradas al aparcamiento y los espacios reservados para los servicios de las compañías suministradoras. Las cuatro viviendas tienen acceso directo a la calle, lo que permite desarrollar un concepto de viviendas unifamiliares entre medianeras, esquema usual en el barrio de Gracia durante parte del siglo pasado. La solución adoptada para el conjunto obliga a una distribución individual tipo dúplex, lo que comporta la creación de escaleras que comunican verticalmente toda la vivienda, permitiendo así un máximo aprovechamiento del espacio interior.

La situación de la sala de estar–cocina–comedor en la planta baja se consigue en las tres viviendas situadas en fachada que da a la calle Dr. Rizal, siguiendo el concepto de las antiguas viviendas en planta baja típicas de la zona. La vivienda que conforma la fachada con la calle Riera de Sant Miquel esquina Dr. Rizal debe añadir a sus necesidades la incorporación del acceso de vehículos al aparcamiento en planta sótano y la ventilación de la escalera peatonal que conduce al aparcamiento. El resultado es la colocación del estar–cocina–comedor en la planta primera, mientras que un conjunto de tres dormitorios ocupa la segunda planta.

La piel exterior del edificio cambia en la esquina formando una especie de bisagra virtual entre las dos calles. La utilización de materiales contrastados en su color, como los tableros de alta densidad empleados en la planta baja de Dr. Rizal —que cambian y se elevan a las plantas superiores en Riera de Sant Miquel— y el color claro de un mortero·monocapa raspado en los paramentos verticales, acentúan todavía más dicho efecto.

El criterio de utilización de un único material en las aberturas juega con el concepto ambiguo de reja o quitasol, permitiendo diseñar diferentes soluciones según las necesidades: correderas en planta baja en la fachada de Dr. Rizal y plegables hacia el exterior en Riera de Sant Miquel.

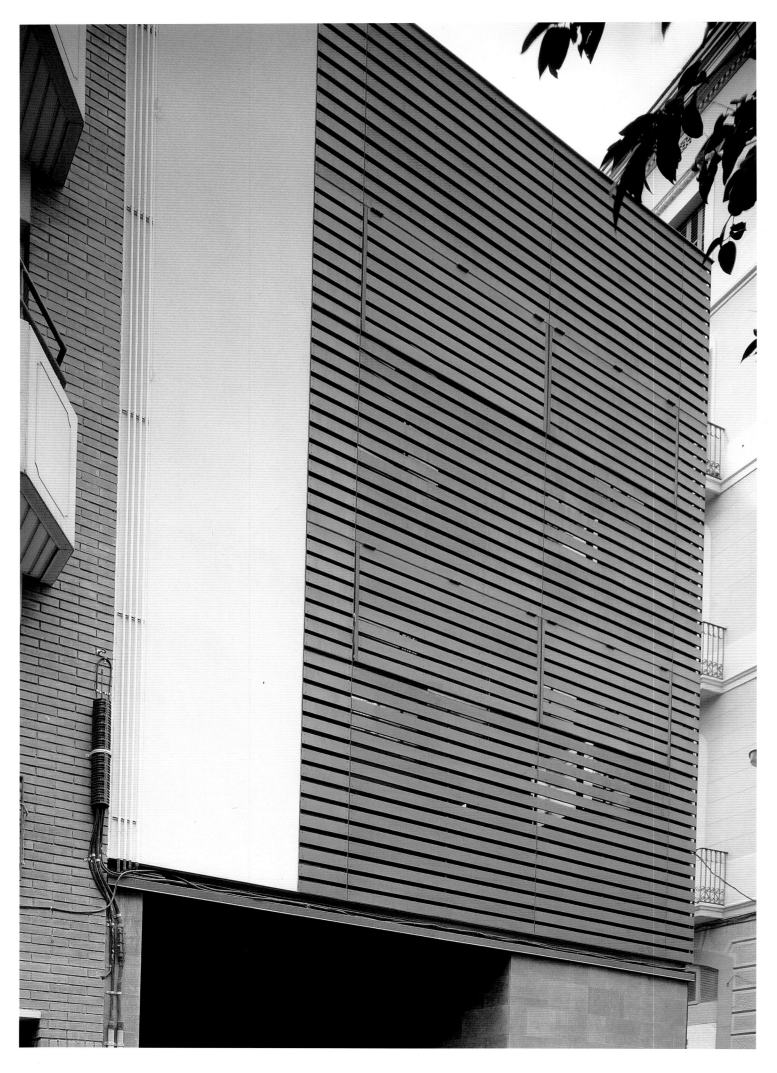

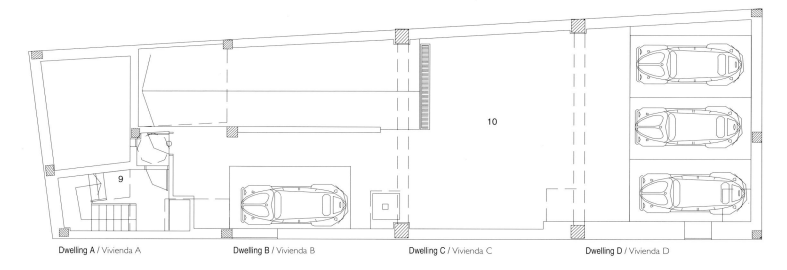

Dwelling A / Vivienda A   Dwelling B / Vivienda B   Dwelling C / Vivienda C   Dwelling D / Vivienda D

Basement floor plan / Planta sótano

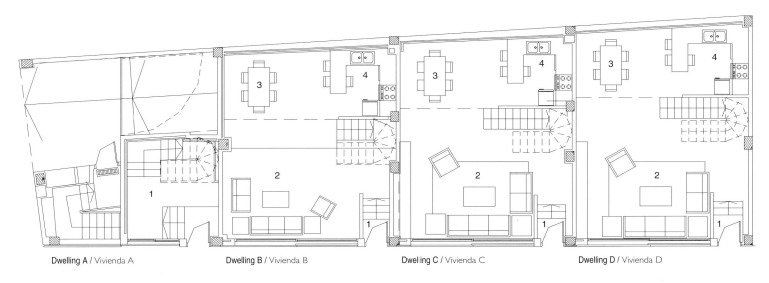

Dwelling A / Vivienda A   Dwelling B / Vivienda B   Dwelling C / Vivienda C   Dwelling D / Vivienda D

Ground floor plan / Planta baja

1. Hall / Recibidor
2. Living-room / Salón
3. Dining-room / Comedor
4. Cocina / Kitchen
5. Habitación / Bedroom

6. Studio / Estudio
7. Bathroom / Baño
8. Ironing room / Cuarto plancha
9. Landing / Paso escalera
10. Parking / Garaje

The criteria of using a single material for the openings creates an ambiguity between grating and sunshade, enabling the design of different solutions to suit different needs.

El criterio de utilización de un único material en las aberturas juega con el concepto ambiguo de reja o quitasol, permitiendo diseñar diferentes soluciones según las necesidades.

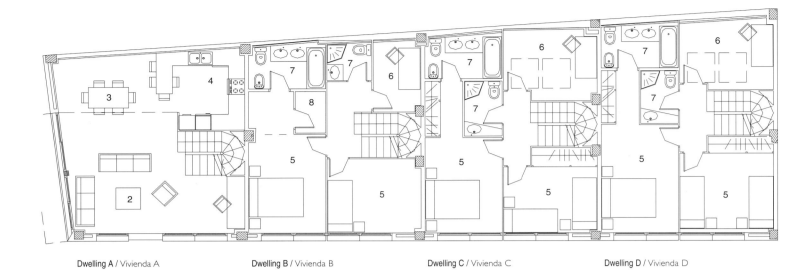

Dwelling A / Vivienda A   Dwelling B / Vivienda B   Dwelling C / Vivienda C   Dwelling D / Vivienda D

Firts floor plan / Primera planta

1. **Hall** / Recibidor
2. **Living-room** / Salón
3. **Dining-room** / Comedor
4. **Cocina** / Kitchen
5. **Habitación** / Bedroom
6. **Studio** / Estudio
7. **Bathroom** / Baño
8. **Ironing room** / Cuarto plancha
9. **Landing** / Paso escalera
10. **Parking** / Garaje

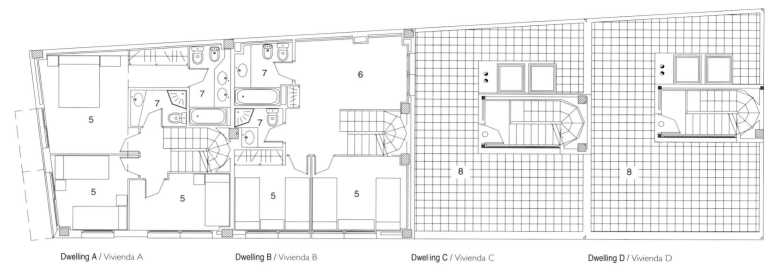

Dwelling A / Vivienda A   Dwelling B / Vivienda B   Dwelling C / Vivienda C   Dwelling D / Vivienda D

Second floor plan / Segunda planta

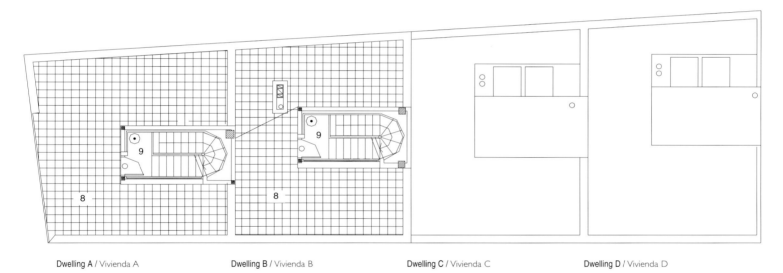

Dwelling A / Vivienda A   Dwelling B / Vivienda B   Dwelling C / Vivienda C   Dwelling D / Vivienda D

Roof floor plan / Planta sobrecubierta

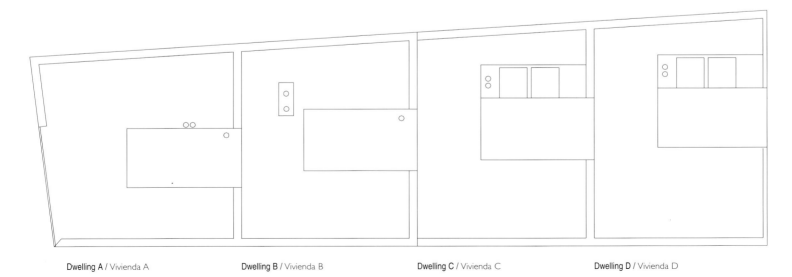

Dwelling A / Vivienda A   Dwelling B / Vivienda B   Dwelling C / Vivienda C   Dwelling D / Vivienda D

Roof floor plan / Planta sobrecubierta

The building's outer skin changes at the corner, forming a kind of virtual hinge between the two streets. This effect is accentuated yet more by the use of materials in contrasting colors.

La piel exterior del edificio cambia en la esquina formando una especie de bisagra virtual entre las dos calles. La utilización de materiales contrastados en su color acentúa todavía más ese efecto.